Filosofía Lean

Conceptos y principios

Madrid, 2024

Rafael Paniagua Gómez-Álvarez

Filosofía Lean
Conceptos y principios

Prólogo de Ignacio Soret Los Santos

Marzo, *2024*

Filosofía Lean. Conceptos y principios
Rafael Paniagua Gómez-Álvarez

© 2024, ESIC EDITORIAL
Avda. de Valdenigriales, s/n
28223 Pozuelo de Alarcón (Madrid)
Tel.: 91 452 41 00
www.esic.edu/editorial
@EsicEditorial

ISBN: 978-84-1192-035-3
Depósito Legal: M-5832-2024

Diseño de cubierta: Balloon Comunicación
Maquetación: Santiago Díez Escribano
Lectura: Myriam Mieres
Impresión: Gráficas Dehon

Un libro de

Impreso en España – *Printed in Spain*

Este libro ha sido impreso con tinta ecológica y papel sostenible.

Índice

Prólogo de Ignacio Soret Los Santos

Puede hablarse de Lean, muy acertadamente, como una filosofía; es decir, como un conjunto de saberes, principios, métodos, técnicas... que serán dispuestos para un propósito común, en nuestro caso a la eficiencia. La palabra Lean puede aceptarse como magro y debemos entenderlo como algo carente de desperdicio o, lo que es lo mismo, todo aquello que no añade valor.

Todo comenzó a principios del siglo XX y no precisamente con automóviles, sino con telares. Da lo mismo; el Lean puede aplicarse a cualquier actividad productiva. Su éxito fue en aumento y su herencia, hoy día, es manifiesta. Lo es como variaciones sobre el mismo tema y, por supuesto, como mejoras y aplicaciones más extensas. Así, hoy hablamos de metodología Agile centrándose en equipos, personas y procesos; Scrum lo hace en un proyecto multidisciplinar; Kanban en la gestión visual.

Nunca ha ocultado Toyota su principal objetivo: la reducción de costes, aunque parezca muy prosaico o falta de elevación. De cualquiera de las maneras, todo se apoya en los mismos pilares: (i) el famoso Just in time, en producción es sinónimo de flexibilidad o adaptación a la demanda; no fabricar ni una unidad más de las requeridas para no almacenar, no transportar o no exponerse a deterioros u obsolescencias, entre otras cosas; (ii) calidad asegurada mediante la certeza de que cada operación en cada parte de un proceso es conforme gracias al autocontrol; (iii) respeto por la dimensión humana, aceptando el pensamiento creativo, las ideas innovadoras y el aprovechamiento de las sugerencias del personal.

Hasta aquí, como se suele decir, de libro, de manual; suficientemente resumido el concepto, que no muestra las dificultades para conseguir los objetivos. El lector, mejor que sea estudioso, encontrará muchas herramientas para conseguir sus logros. Pero no estará exento de, a veces, dudas o, peor, de preguntarse por dónde empezar. Déjese llevar el estudioso por el texto, amplíe lo que necesite y consulte lo que no entienda, que no será por falta de fuentes a las que recurrir. Pero aquí, en este precioso libro, tendrá siempre dispuesto un saber de alto valor, sin desperdicio alguno.

Y demos las gracias a su autor, Rafael Paniagua, profesor e ingeniero profesional, por el esfuerzo generoso en pro del lector interesado al escribir esta obra. Le conozco bien, de muchos años, pero no por esto sólo le agradezco y le dedico mi admiración, sobre todo, en los días que corren, de poco libro y poca lectura, cada día de menor profundidad. Por considerarle, además, hombre de bien, otro aplauso; Rafael nos ha brindado su experiencia. En estos tiempos, ni siquiera lo artificial o artificioso, y ya saben todos a qué me refiero, hubiera conseguido reunir, ordenar y explicar lo que contiene esta obra.

Ignacio Soret Los Santos
Madrid, febrero de 2024

Presentación

L os modelos de gestión en las empresas suponen una gran importancia estratégica y táctica para su desarrollo. Deben mezclar aprovechamiento, eficiencia y motivación en sus trabajadores que permitan satisfacer las necesidades de los clientes con la mejor de las calidades, y con menores costes y tiempos de respuesta.

El objetivo de gestión estandarizada y de calidad comenzó ya a principios de siglo XX con la estandarización del trabajo y la industria por Frederick Taylor y las líneas de montaje de automóviles de Henry Ford, pero los criterios de organización de la calidad, mejora continua, respeto y motivación de los trabajadores no vinieron hasta años después. Desde Japón nos llegaron conceptos como *jidoka* (automatización de los defectos), JIT (Just in time), *muda/mura/muri* (desperdicio, desequilibrio, sobrecarga), Kaizen (mejora continua), etc. Fueron implantados y desarrollados en el conocido TPS (Toyota Production System) a mediados del siglo XX.

Estos objetivos y herramientas se utilizaron en el área de fabricación y por eso inicialmente se conocía como *Lean manufacturing* (fabricación esbelta). Pero, debido al alto nivel de competitividad exigido, era necesario que cubrieran todos los requerimientos de los consumidores: calidad, coste, rapidez de respuesta, variedad de productos o servicios, flexibilidad y atención al cliente. Para conseguir esta excelencia, se desarrolló dicho sistema Lean a una filosofía de gestión de la empresa llamándolo *Lean management*.

La gestión tradicional por operaciones trataba de conseguir economías de escala para producir el mayor número de productos en las mismas instalaciones, pero una vez que los conflictos bélicos decrecieron se tenía otro objetivo, que era poder venderlos con rentabilidad, por lo que requería poner en marcha otras medidas para conseguir estos objetivos. Aunque las operaciones suponen el mayor coste desembolsado por la empresa, es necesario pensar en los ahorros que podemos tener para minimizar dicho impacto en costes.

Una razón importante por la que la filosofía Lean se ha implementado ha sido el conjunto de modificaciones estructurales de nuestra sociedad y especialmente en el comportamiento de nuestros consumidores desde que el *Lean manufacturing* se implantó en su totalidad. El concepto de gestión en la empresa ha tenido que evolucionar a una nueva forma de pensar, planificar y tomar decisiones basada en el cliente, en la creación de valor desde el punto de vista del cliente, y en la motivación y desempeño de los trabajadores.

El Lean persigue los fallos, intentando identificar sus causas raíz y estableciendo medidas de contención para minimizar el impacto. El liderazgo y el trabajo en equipo será fundamental para las empresas *Lean*, donde el trabajador es escuchado y forma parte de la resolución de los problemas.

Este libro de la colección Máster intenta introducirnos y desarrollar la filosofía Lean desde sus cinco principios básicos relacionados con la identificación de los desperdicios y el valor desde el punto de vista del cliente, la creación de flujo de valor, y la mejora continua y el respeto por el trabajo.

El liderazgo y las personas serán una parte muy importante de la implantación Lean; los GAP (grupos autónomos de personas) trabajarán en equipos transversales y departamentales fundamentalmente para poner en marcha las estrategias empresariales, la mejora continua y la resolución de problemas con la búsqueda de las causas raíz.

Todo lo anterior representa los pilares en los que se basa la filosofía Lean, cuyo desarrollo e implantación necesitará la ayuda de varias herramientas que nos ayudarán en cada uno de sus principios fundamentalmente y para otros objetivos específicos. Muchas herramientas supondrán únicamente emplear el sentido común y la organización para resolver y mejorar. La estandarización y el análisis de la situación son elementos cruciales para identificar los problemas y buscar la causa raíz y sus posibles soluciones.

La última parte del libro nos llevará a aplicaciones actuales del Lean en el sector servicios debido al auge de la creación y el desarrollo de las empresas de servicio en la actualidad, sus pilares y sus herramientas fundamentales. También la logística es una actividad donde el Lean tiene su aplicación más directa buscando reducir compras, inventarios y la mejora del flujo de procesos (información y materiales).

Así como el Lean tiene en sus objetivos la eliminación de desperdicios y la mejora continua, el seis sigma busca le eliminación de los defectos/errores en el desempeño. Ambos suelen unirse en las empresas como Lean seis sigma para su consecución. Al procedimiento de mejora continua aquí se le conoce como DMAIC, donde D (definir) M (medir) A (analizar) I (implementar/mejorar) C (controlar). Este procedimiento nos ayudará a reducir la variabilidad de los procesos. Aquí coexisten algunas herramientas Lean, aunque tiene también otras específicas. Ambos se complementan en la búsqueda de una excelencia operacional.

Al final identificaremos cómo se integra la filosofía Lean con las operaciones en una empresa para estabilizar y mejorar el rendimiento operativo hacia una ejecución sostenible, orientada a la satisfacción del cliente y sin defectos mediante un sistema de madurez robusto. Se utilizarán cuatro pilares relacionados con la filosofía Lean:

- Eficacia del proceso.
- Sistema operativo.

– Difusión.

– Competencias, actitud y comportamientos.

Los estándares del sistema se construyen con y para los empleados para alcanzar un rendimiento dado mediante un proceso estructurado.

Al final habrá que hacer un despliegue de todo este proceso en todas las actividades operacionales de la empresa.

El libro nos ayudará enormemente a entender y saber aplicar la filosofía Lean y conocer sus enormes beneficios en el desarrollo de las empresas en los últimos cincuenta años, focalizándose en lo que el cliente espera de nosotros, la búsqueda de la mejora continua y el respeto al trabajador.

1

Concepto y metodología Lean

1.1. CONCEPTO Y PRINCIPIOS

La actividad de una organización empresarial debe desarrollarse de manera que se logren los objetivos previstos, técnica y económicamente, utilizando los sistemas de gestión más adecuados y soportados por las estructuras organizativas y la tecnología. Si nuestra producción es correcta técnicamente, pero el coste no es aceptable o la motivación de los trabajadores no es la adecuada, esto no sería de interés para las empresas. Por eso, a pesar del estudio científico del trabajo de Taylor, el desarrollo de las líneas de montaje de Ford, el estudio de los aspectos humanos de Mayo y los diferentes avances científicos ayudaron al progreso de las empresas, el cambio no se produjo hasta que se desarrolló el Sistema de Producción de Toyota (TPS) basado en procesos empresariales con la calidad asegurada, el mínimo empleo de recursos de todo tipo, flexibilidad y respeto al trabajador. Se buscaba la excelencia pensando en el valor para el cliente y en la creación de ese flujo de valor. En la Figura 1.1 podemos ver esa evolución en el siglo pasado.

Figura 1.1. Evolución de los sistemas de producción

1885	1913	1955-1990	1993-...
Producción artesanal	**Producción en masa**	**Toyota Production System - TPS**	**Lean Enterprise**
Bajo nivel de automatización	Componentes modulares	El operario resuelve los problemas	Lean aplicado a todas las funciones de la empresa
Alta personalización de los productos	Líneas de producción con ritmo	Operario como dueño del proceso por medio de:	Optimización del valor para todos los agentes implicados
Alto nivel de cualificación operarios	Ingeniería de producción	-- Formación	
Producción unitaria	A los operarios no les gusta pensar	-- Calidad en proceso	Bajo coste
Alto coste por producto	**Bajo nivel de cualificación operarios**	-- Mínimo inventario	Cultura de la mejora continua
	Producción de muchas unidades por producto	-- Just in time	Alta calidad de los productos
		Eliminar desperdicio	Modelos flexibles
		Respuesta a cambios	Más valor para todos los agentes implicados
	Bajo coste (escala)	Bajo coste	
	Problemas de calidad persistentes	Cultura de la mejora continua	
	Modelos inflexibles	Alta calidad de los productos	
		Modelos flexibles	

Lean es la eliminación del desperdicio y la creación de valor.

Fuente: Carlos García Coronel (*Manufactura esbelta,* Guía de notas).

En esos años Ford estaba beneficiándose de las economías de escala en la producción de automóviles y Toyota Motor Company fue creada para competir con EE. UU. basándose en teorías como el justo a tiempo (JIT) para eliminar los desperdicios y mejorar los tiempos y flujos de proceso, el *jidoka* para producir con calidad y sin defectos (TQM) y la eficiencia y mantenimiento adecuado de equipos (TPM). Todas estas teorías deberán estar basadas en la estabilidad operacional mediante personas entrenadas y un equipo en buen estado trabajando sin sobresaltos para lograr una productividad regular basada en los ciclos de producción. Dicho sistema se acerca a la perfección a través de la mejora continua de los trabajadores que piensan en ello (ver Figura 1.2).

Los procedimientos tradicionales donde el precio era fijado de acuerdo con los costes de producción y beneficios que quisiéramos tener, nos hemos movido a los nuevos procedimientos donde lógicamente estos beneficios venían ligados a reducir todo lo posible los costes de producción (ver Figura 1.3).

Figura 1.2. Toyota Production System

LEAN MANUFACTURING = TOYOTA PRODUCTION SYSTEM

Fuente: Elaboración propia.

Figura 1.3. Punto de vista tradicional vs. realidad actual

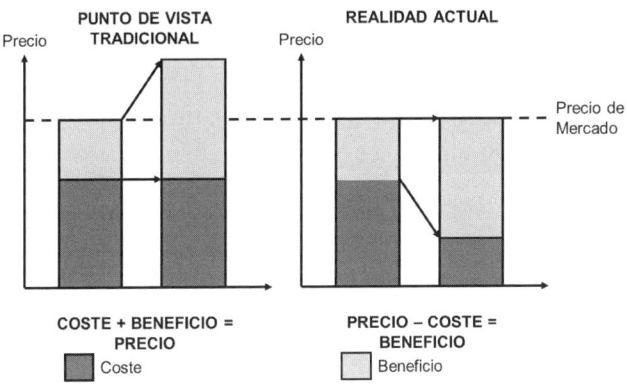

Fuente: Elaboración propia.

De esta manera podemos resumir el concepto de Lean como una filosofía aplicable a cualquier negocio donde existe un proveedor y un cliente, basada en la eliminación planificada de todo tipo de desperdicio, el respeto por el trabajador y la mejora consistente de productividad y calidad. Nuestro cliente no siempre es el consumidor (cliente final), sino cualquiera que requiere algo de nosotros.

Podemos entonces presentar los **cinco principios de la filosofía Lean**:

1. **Define el valor desde el punto de vista del cliente.** Entender lo que es valor para el cliente (**VALOR**).

   El valor tiene varias definiciones, pero todas ellas están ligadas al cliente. Puede interpretarse como todo aquello que hace que se cumplan las funcionalidades esperadas por el cliente con un nivel de calidad esperado, a un coste esperado y en un plazo de tiempo esperado. También como que la generación de valor es toda actividad por la que el cliente final está dispuesto a pagar.

   Algunos principios generales de la creación de valor pueden ser:

   - Crear valor realizando el trabajo correcto y de forma correcta.

   - Crear valor desde una perspectiva global del proceso y la empresa.

   - Identificar dependencias entre las distintas fases del proceso para incrementar el valor.

   - Las personas, y no únicamente los procesos, crean valor.

2. **Identifica tu corriente de valor.** Identificar las actividades de valor (**CADENA DE VALOR**).

   La cadena de valor es una secuencia de actividades (con y sin aporte de valor) desarrolladas para conseguir un determinado producto o servicio a través de las tres tareas típicas de gestión de un negocio: transformación física o mental, gestión de la información y resolución de problemas. Una herramienta que luego resultará muy útil para identificar la cadena de valor será el VSM (*value stream mapping*).

3. **Crea flujo.** Habilidad para crear flujo (**FLUJO DE VALOR**).

   Crear un flujo continuo con las actividades que forman la cadena de valor y al ritmo de la demanda del cliente. La buena comunicación entre cada departamento que compone dicha cadena de valor es muy importante para crear flujo adecuadamente. Esto también exige a las empresas Lean relacionarse y comunicarse con sus proveedores, tratando de operar con una sistemática común. El *outsourcing* en las empresas debe compartir dicho flujo de valor interna y externamente.

4. **Producir según sistema *pull* (tirar) en vez de *push* (empujar).** Procesar lo que se ha vendido (**PULL: tirar de la producción**).

   Los clientes tiran de la producción (*PULL*) en vez de fabricar de acuerdo con la previsión de la demanda (*PUSH*), teniendo en cuenta criterios de *stocks* (ver Figura 1.4).

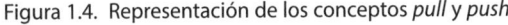

Figura 1.4. Representación de los conceptos *pull* y *push*

Fuente: Elaboración propia con iconos de Flaticon.com.

El producto no se procesa hasta que los clientes han cursado un pedido. Mis actividades son realizadas cuando mi cliente interno me lo solicita.

La producción se planifica después de recibir las órdenes. Para que esto sea posible, es imprescindible que:

- El *lead time* del proceso (tiempo de proceso) sea inferior al plazo de entrega comprometido con los clientes.

- La capacidad productiva se adecue a la carga de pedidos en un periodo determinado.

También ocurre cuando se fabrican contra la demanda real:

- Los productos se fabrican para reemplazar los productos vendidos.

- La producción se planifica por medio de señales generadas por consumo de productos (tarjetas Kanban).

5. Persigue la perfección

Mejora continua (**KAIZEN**). Alinear la mejora continua con los objetivos estratégicos de la empresa. Despliegue estratégico en la mejora continua:

- Priorización en función de los resultados. Acciones de MC alineadas con los objetivos estratégicos de la empresa.

- Acciones con repercusión en los indicadores clave de la empresa.

- Priorización según las zonas de actuación. Acciones en zonas piloto: Mayor potencial de mejora con menor esfuerzo por mayor impacto en objetivos globales, por necesidad (nuevos productos) y por potencial de extrapolación.

- Priorización según la coordinación con la mejora radical. Considerar los planes de innovación a la hora de establecer las líneas de actuación: no actuar en zonas en las que esté prevista una reforma radical y utilizar la mejora continua para acelerar la puesta en marcha de una nueva instalación.

- Implica. Involucrar a todos los niveles y funciones de la empresa.
  Creatividad antes que inversión.
  Pequeñas mejoras continuas e incrementales.

Tener en cuenta la matriz de mejora continua (ver Figura 1.5) para identificar la priorización de la mejora frente al nivel de la organización.

Figura 1.5. Matriz de mejora continua

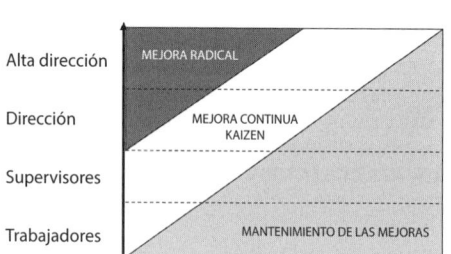

Fuente: Elaboración propia.

Estos cinco principios lógicamente deben actuar conjuntamente para poder operar desde una base Lean (ver Figura 1.6).

Figura 1.6. Cinco principios de la filosofía LEAN

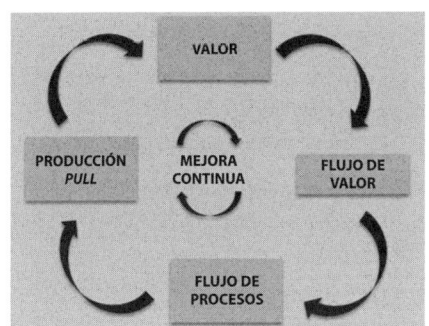

Fuente: Fernando Marco (Máster ESIC).

Test de autoevaluación 1

1.1. Elegir una respuesta válida para identificar que el Toyota Production System (TPS) se compone de:
a) TPM, JIT, CIM.
b) JIT, Kanban, TPM.
c) JIT, TPM, TQM.
d) TPM, JIT, Kaizen.

1.2. Identifica cuáles de las afirmaciones dadas son verdaderas relacionadas con la filosofía Lean; puede haber varias.
a) El valor desde el punto de vista del cliente debe ser identificado y creado en todas nuestras actividades.
b) El *value stream mapping* es una herramienta para crear valor desde el punto de vista del cliente.
c) La previsión de la demanda es la que tira de nuestro flujo de producción.
d) La mejora continua debe formar parte de los objetivos estratégicos de la empresa.

1.3. Identifica de las siguientes afirmaciones cuáles son verdaderas según la filosofía Lean; puede haber varias.
a) La filosofía Lean nació para dar reglas a la producción en masa.
b) La mejora continua formaba parte del estudio científico del trabajo de Taylor.
c) En la filosofía Lean nuestro cliente es considerado el siguiente eslabón en nuestra cadena de valor.
d) Actualmente, nuestro beneficio dependerá de los costes en que hemos incurrido durante las fases de diseño y desarrollo de los productos y servicios.

1.4. Relaciona correctamente la categoría con la respuesta
Categorías:
A. VALOR.
B. CADENA DE VALOR.
C. PERFECCIÓN.
Respuestas:
a) Trabajo correcto.
b) Mayor potencial de mejora con menor esfuerzo.
c) VSM (*value stream mapping*).
d) Creatividad antes que inversión.
e) Identificar dependencias entre las distintas fases del proceso.

1.5. Relaciona correctamente la categoría con la respuesta
Categorías:
A. FLUJO DE VALOR.
B. PULL.
Respuestas:
a) Tarjetas Kanban como referencia de mi producción.
b) Conocer adecuadamente lo que le tengo que dar a mi cliente.
c) Comunicación adecuada con los proveedores.
d) Producir solo cuando el cliente lo requiera.

1.2. CULTURA LEAN: CAMBIO DE MENTALIDAD Y GESTIÓN

La diferenciación es el valor supremo de la supervivencia en el mundo empresarial. Todas las empresas buscan características o cualidades que permitan a sus productos o servicios ocupar posiciones de liderazgo. Serán excelentes cuando sean capaces de ofrecer de forma continuada un valor añadido a sus clientes, su personal y sus colaboradores en un entorno cambiante. Por eso, la mayoría de las organizaciones a nivel mundial se esfuerzan en implantar programas y sistemas de mejora. Algunas organizaciones muestran una apariencia Lean, pero penetrando en sus interiores puede verse que realmente no reflejan una organización ni una cultura Lean.

Cualquier implantación de un nuevo sistema requiere un compromiso estratégico asumido desde la alta dirección. Por esto, antes de la implantación del sistema, es necesario saber si se ajustan a la cultura propia de la empresa. Por tanto, es necesario primero adecuar el personal, la organización y el funcionamiento de la empresa a una cultura previa para asegurar que cuando se implante, esta sea recibida en una adecuada base empresarial.

Para adoptar una cultura de trabajo sustentada en la filosofía Lean, hay ciertos factores elementales que deben formar parte de esa base sólida sobre la que se asienta el sistema. Esos cinco factores sobre los que se asienta el *Lean management* son:

- **Propósito:** Todo el personal debe entender y compartir dicha razón de ser de la empresa. En cualquier nivel de la organización, cada individuo debe tener la responsabilidad de su propio trabajo y la autoridad para llevar a cabo acciones que aporten valor al cliente en línea con el propósito de la empresa. Los colaboradores deben tener acceso a la información necesaria que les permita tomar decisiones y aportar sugerencias.

- **Procesos:** Definidos claramente para que aporten valor al propósito de la organización. Todas las personas deben identificar aquellas operaciones que no son necesarias para aportar valor y establecer acciones para eliminarlas o reducirlas. O sea, deben poseer las herramientas de mejora continua, y la formación y la autonomía suficiente para poder actuar.

- **Personas:** El equipo humano constituye el recurso clave para el desarrollo del sistema, con la formación, información y autonomía necesarias para la mejora continua de los procesos y la optimización de acuerdo con el propósito de la organización.

- **Resolución de problemas:** Los tres factores anteriores permiten establecer las bases necesarias para el despliegue de dinámicas de resolución de problemas, y para poder detectarlos y resolverlos, encontrando su causa raíz, consiguiendo unos procesos robustos y controlados. Se desplegarán aquellas acciones necesarias para recuperar el funcionamiento normal y evitar que vuelva a producirse.

- **Plan de transformación:** El último factor de la mayor importancia para considerar el cambio y la nueva cultura de la filosofía Lean. La manera de trabajar y la forma de relación entre las personas serán aspectos muy importantes de este cambio. La alta dirección debe desarrollar una serie de actividades que de forma gradual vaya implicando cada vez a mayor número de personas hasta cubrir todo el personal (ver Figura 1.7).

Figura 1.7. Plan de transformación LEAN

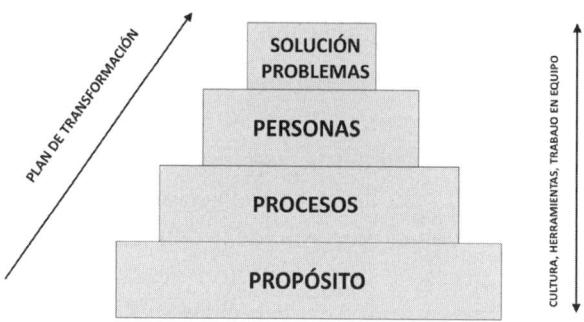

La filosofía Lean trae un cambio radical en la filosofía del liderazgo, el cual está ahora focalizado en un total soporte a los equipos. Ellos son los que crean valor añadido. La mente debe estar puesta en la mejora continua (ver Figura 1.8).

Figura 1.8. Cambios en la filosofía de liderazgo

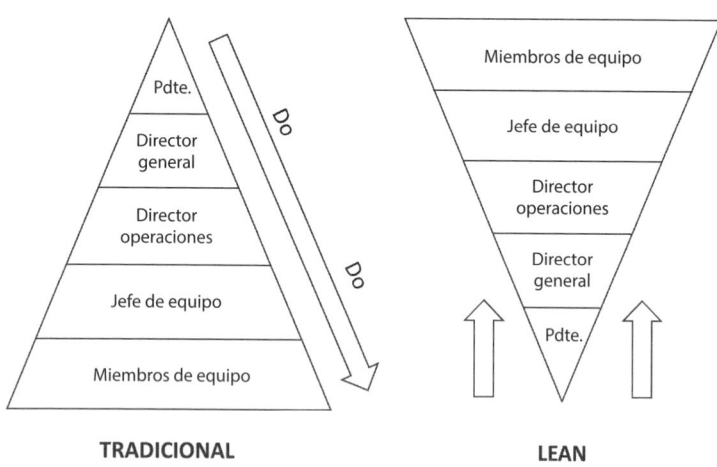

El liderazgo en Lean supone la aplicación de sus valores y principios en un viaje a la excelencia empresarial, guiando e influenciando a las personas en su filosofía. Los conceptos Lean parecen fáciles de aplicar, pero hacerlo solo es un gran error. Deben estar soportados por un comportamiento de liderazgo para esperar importantes resultados.

El cambio de mentalidad en las personas representa en la filosofía Lean una necesidad imperiosa para su implantación y desarrollo. Este equipo humano y la calidad se ven ligados en:

- **GAP & soporte.** La organización de la producción por grupos autónomos de producción (GAP) con la organización del soporte, y la jerarquización de la toma de decisiones será clave para el éxito y la sostenibilidad del sistema.

- **Gestión visual & SQCDP.** La elección adecuada de los indicadores de control relativos a seguridad (S), calidad (Q), costes (C), entregas (D) y personal (P) deberán ser apoyados por la gestión visual en el taller de producción de los estos.

- **Sistema de comunicación.** El sistema de comunicación ordenado por niveles jerárquicos, desde los operarios hasta el responsable de fábrica, será esencial para la agilidad en la toma de decisiones y la realización de los planes de acción.

- **Implicación del personal.** Las herramientas de implicación se desplegarán con el objetivo de motivar al personal y utilizar las capacidades de todos en el desarrollo de la mejora.

- **Sistema eficiente de calidad (QSE).** El sistema eficiente de calidad (QSE) se basa en la asunción de la responsabilidad de la producción y manipulación del producto por parte del propio GAP según las normas de calidad establecidas en el plan de control. Para ello se definen los siete básicos de la calidad como las reglas de trabajo cronológico que guían el trabajo hacia la excelencia de la calidad: inspección final, autocontrol, contenedores rojos, retrabajo bajo control, *poka-yoke*, OK de la primera pieza, QRQC (Respuesta rápida para el control de la calidad).

Según se ha visto, la filosofía Lean supone un cambio muy importante en las operaciones con respecto al método tradicional.

Podemos relacionar ambos métodos de gestión en la siguiente tabla (Tabla 1.1).

Por tanto, con el sistema de gestión Lean evitaremos desequilibrios del flujo de producción, *stocks* en proceso y final, tiempos de espera, tiempos de proceso excesivos, problemas de calidad no detectados a tiempo, etc.

Dentro de la cultura Lean, podemos identificar acciones que si son LEAN o no y aspectos por tener en cuenta (ver Tablas 1.2 y 1.3).

Tabla 1.1. Relación entre el método tradicional y la filosofía LEAN

CONCEPTO	PRODUCCIÓN EN MASA	FILOSOFÍA LEAN
FLUJO DE MATERIALES	Intermitente	Continuo y nivelado
ORIENTADO A	Producto único o casi único	Línea de productos
RITMO DE PRODUCCIÓN	Máxima capacidad	*Talk time*: ritmo de la demanda
INVENTARIO	Altos y variables	Bajos y controlados
PROCESOS	Aislados	Conectados y sincronizados
PLANIFICACIÓN	*PUSH*, basada en previsiones, MRP	*PULL*, basada en consumos reales, retroalimentación
MEDIOS PRODUCTIVOS	Dedicado, alto grado de automatización y velocidad	Flexible, polivalente
TIEMPOS DE CAMBIO	Altos, lotes grandes para reducir número de cambios	Bajos, cambios frecuentes para nivelar el flujo (SMED)
TRABAJADORES	Especialistas	Polivalentes
CALIDAD	Al final del proceso	Autocontroles
MANTENIMIENTO	Por reacción ante incidencias (correctivo)	TPM (preventivo, indicadores de fiabilidad y mantenibilidad)

Tabla 1.2. Acciones que son LEAN y no

ES	NO ES
Lean es un cambio cultural en la organización.	Lean no es un *clown* de Toyota.
Lean es una aproximación de las personas a los procesos y los sistemas.	Lean no es un grupo de herramientas.
Lean requiere cambios en los comportamientos y en el liderazgo.	Lean no es un libro de recetas.
Lean requiere respeto por las normas y procedimientos, y un proceso para la mejora continua.	Lean no es un programa de reducción de costes.
Lean supone una mejora en la transparencia a través del *go-look-see*.	Lean no es un proyecto con un inicio y un final.
Lean involucra a todas las áreas y niveles de la empresa.	Lean no es una moda.

Tabla 1.3. Prejuicios

Evita ideas preconcebidas.
Entiende los problemas como una oportunidad de mejora.
No estés satisfecho con el estado actual de las cosas.
Todos juntos es mejor que por separado.
No pongas excusas, solo razones.
Respeta a los empleados porque son expertos en lo que hacen.
Las buenas ideas no tienen por qué ser siempre caras.
Lleva a cabo *quick wins* rápidamente.
No retrases las mejoras para lograr la perfección.
Encuentra la causa raíz y solo entonces resuélvelo.

Test de autoevaluación 2

2.1. Indica si es verdadera o falsa la siguiente afirmación:
Se puede implantar la filosofía Lean a la vez que se va ajustando la cultura de la empresa en el personal, organización y funcionamiento.

2.2. Identifica la afirmación correcta:
a) En la filosofía Lean no es necesario que llegue a la cúpula superior de la dirección.
b) En el sistema de dirección tradicional los miembros del equipo eran responsables de soportar la mejora continua a su cadena de mando.
c) El liderazgo en Lean supone la aplicación de sus valores y principios guiando e influenciando a las personas en su filosofía.
d) Encontrar la causa raíz de los problemas no es el objetivo final de la resolución de problemas.

2.3. Parte de los cinco factores clave de la filosofía Lean son (puede haber varias respuestas válidas):
a) Resolución de problemas y jornada de trabajo.
b) Propósito y procesos.
c) Procesos y profesión de las personas.
d) Personas y plan de transformación.

2.4. Identifica, de las siguientes afirmaciones, cuáles son verdaderas según la filosofía Lean; puede haber varias:
a) Para la implantación de la filosofía Lean, el equipo humano y la calidad deben estar siempre ligados.
b) Las decisiones tomadas por el GAP son inapelables.
c) Existen indicadores visuales de control en el Lean como S (seguridad), Q (calidad), C (costes), D (diseño) y P (personal).
d) Los GAP (grupos autónomos de producción) deberán estar soportados por la organización para su correcto funcionamiento.

2.5. Identifica las siguientes acciones de un solo factor de la cultura Lean:
Factores:
A) Procesos.
B) Personas.
C) Propósito.
D) Plan de transformación.
Acciones:
a) Implantación de la cultura Lean en todo el personal.
b) Conocimiento de las herramientas Lean.
c) Relación de nuestras actividades con el objetivo de la empresa.
d) Autonomía para actuar según los estándares de trabajo.
e) Identificación de operaciones que no crean valor.

1.3. METODOLOGÍA LEAN

Hemos podido explicar hasta ahora el concepto, los principios y la necesidad de una cultura Lean para poder entender esta filosofía. Pero ahora vamos a describir la metodología de la filosofía Lean basada en los principios anteriores y en el ciclo de mejora continua (ver Figura 1.9), también conocido como *círculo de Deming*.

Figura 1.9. Ciclo de mejora continua o círculo de Deming

Fuente: Elaboración propia.

Hemos visto que la metodología Lean requiere un cambio estratégico, es decir, una nueva forma de enfocar el negocio para agilizar todos los procesos. Básicamente, podemos resumir la metodología en los siguientes pasos:

1. Analiza los procesos de tu empresa

Podemos hacer dicho análisis de acuerdo con la implicación a corto/medio/largo plazo:

- *Estratégico*: Consiste en identificar los recursos necesarios a largo plazo para cumplir con los objetivos de competitividad requeridos.

- *Táctico*: Responde a un proceso metodológico que persigue comparar las distintas alternativas hasta seleccionar la más adecuada. El horizonte de previsión en este caso es a medio y corto plazo.

- *Operativo*: Se basa en la utilización eficiente de los recursos. Requiere un estudio detallado de todas las operaciones que se llevan a cabo en el día a día (en términos de semanas, días y horas empleadas).

Es importante realizar este análisis para poder conocer cuál es la situación de partida de cada departamento, sus procesos e identificar qué mejoras necesitan implementar.

2. Elabora la planificación

Una vez que sepas cuáles son los procesos que se pueden mejorar en tu empresa, es el momento de establecer los siguientes pasos:

- Los objetivos que quieres alcanzar: concretos, ambiciosos pero conseguibles y medibles (recordar el concepto de objetivos SMART).

- Los recursos que vas a necesitar: materiales y personales, internos y subcontratados.

- Los plazos e hitos que se deben cumplir: de acuerdo con objetivos estratégicos o táctico-operativos.

Este paso incluye objetivos que alcanzar con dicha mejora, así como determinar qué recursos son necesarios para conseguirlo y cuáles son los plazos de actuación. Es importante establecer metas e hitos.

3. Involucra a tu equipo, clientes y proveedores

Todos ellos forman parte del proceso de desarrollo de negocio, por lo que su *feedback* puede ser de gran valor e interés para conocer de primera mano en qué podemos mejorar y detectar posibles fallos futuros en las diferentes áreas. Además, aquí habrá que utilizar herramientas específicas que nos puedan ayudar a obtener dicha información.

4. Comienza por lo sencillo

A la hora de aplicar la metodología Lean es recomendable comenzar por procesos menos complejos que nos permitan ir progresando y avanzando en sus distintas fases. Podemos contemplar las siguientes fases: incipiente (primeras pruebas para analizar resultados), de evolución (se establecen procedimientos y relaciones), de madurez (funcionan las soluciones propuestas) y de integración (sus sistemas funcionan dentro ya de dicha metodología interna y externamente).

5. Realizar seguimiento

De nada sirve implantar una mejora en los procesos y no controlar lo que ocurre después. La monitorización y el seguimiento deben ser continuos para detectar problemas y solucionarlos con rapidez.

En este punto, la empresa también debe contar con herramientas y soluciones que le permitan configurar y mejorar el cuadro de mando del control de procesos. Se deberán crear indicadores de seguimiento de las diferentes perspectivas: financiera, procesos internos, clientes y aprendizaje/crecimiento.

Test de autoevaluación 3

3.1. Indica si es verdadera o falsa la siguiente afirmación:
El ciclo PDCA es la metodología básica para la metodología usada en la filosofía Lean.

3.2. Actividades que realizar dentro del ciclo PDCA son (puede haber varias respuestas válidas):
a) Análisis de datos, hechos y evidencias.
b) Establecer la mejora continua como parte del ciclo PDCA.
c) Una vez desarrolladas las soluciones, aplicarlas directamente.
d) Monitorear las soluciones.

3.3. Como parte de la metodología Lean se tendrá en cuenta (puede haber varias respuestas válidas):
a) La planificación de las actividades de mejora contempla recursos necesarios e hitos a largo y medio-corto plazo.
b) Debemos acometer en los procesos de mejora Lean primero aquellos que supongan más dificultad en su resolución para así motivar al personal.
c) En los procesos Lean participan los equipos de personas involucradas en el proceso, pero además los clientes y proveedores implicados.
d) Una vez implementado el proceso de mejora, se supone que va a funcionar sin necesitar controles posteriores.

1.4. PILARES LEAN: VALOR, JUST IN TIME, PERSONAS, MEJORA CONTINUA, EMPRESA VISUAL

La implantación de la filosofía Lean básicamente requiere de unos conceptos, técnicas y herramientas con el objeto de alcanzar varios objetivos, como pueden ser rentabilidad, competitividad y satisfacción de todos los clientes y trabajadores (ver Figura 1.10).

Ya hemos presentado previamente los conceptos y después se describirán las principales técnicas y herramientas que nos ayuden a aplicar cada uno de dichos conceptos.

Los pilares Lean van ligados a cinco aspectos recurrentes en la filosofía Lean y muy importantes en su desarrollo.

Figura 1.10. Los pilares LEAN

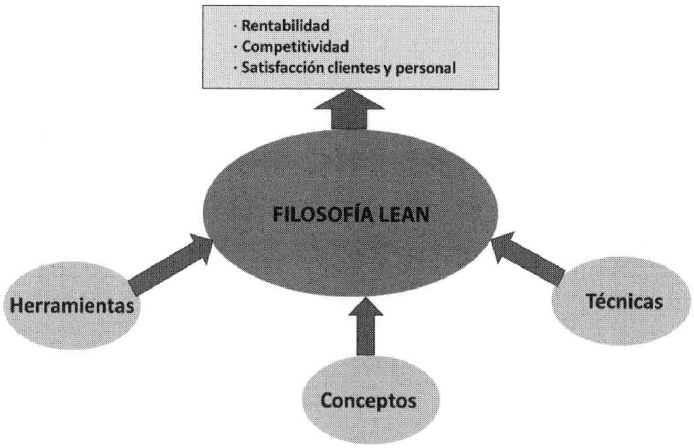

Fuente: Elaboración propia.

1.4.1. Valor

La clave de los procesos es generar el máximo valor añadido posible para su cliente, ya sea externo, interno o cliente final. Debemos añadir valor al producto recibido cuando lo entreguemos a la siguiente etapa. Es muy importante identificar esa cadena de valor a lo largo de la producción del bien o servicio, que aporta el verdadero valor para el cliente final. Por eso consideramos valor añadido en aquellas operaciones que añaden valor al producto y por las que el cliente está dispuesto a pagar. Este concepto va ligado lógicamente al de desperdicio, considerado como todo aquello que añade coste al producto sin añadir valor. Nuestro objetivo será evitar o eliminar todo desperdicio.

Existen unos principios generales de la creación de valor desde el punto de vista Lean:

* Crear valor realizando el trabajo correcto y de forma correcta.

* Servir valor después de identificar lo que es valor para los agentes implicados.

* Crear valor desde una perspectiva global del proceso y la empresa.

- Identificar dependencias entre las distintas fases del proceso para incrementar el valor.

- Las personas, y no únicamente los procesos, crean valor.

Hay muchos agentes implicados en la creación de valor, como puede verse en la Figura 1.11.

Figura 1.11. Agentes implicados en la creación de valor

Fuente: Elaboración propia.

Toyota ya propuso los desperdicios reflejados en las tres M:

- *Muda.* Actividad que consume recursos sin crear valor para el cliente. Dentro de este concepto tenemos dos tipos de *muda*, donde las primeras serán difíciles de eliminar inmediatamente (agregan un valor de negocio): por ejemplo, transportar el material a un centro de distribución, y las segundas las cuales son aquellas actividades que pueden ser eliminadas fácilmente a través de un proceso Kaizen: por ejemplo, eliminar pasos entre una estación y otra.

- *Mura.* O bien desigualdad en la operación. Por ejemplo, cualquier producción de más, que no fue demandada por el cliente sino más bien por un problema en la producción, genera que el proceso de producción primero se acelera y luego tenga que esperar.

- *Muri.* Sobrecargar equipos u operadores solicitándoles que corran a un nivel más alto para el que están diseñados o autorizados.

En la filosofía Lean, los siete desperdicios que debemos evitar en todas nuestras actividades son los siguientes:

1) *Transporte y almacenaje.* Tiempo invertido en transportar y almacenar materiales, productos semielaborados/terminados.

2) *Inventarios.* Acumulación de materia prima, producto en curso o producto terminado.

3) *Movimientos.* Cualquier movimiento (método) que no es necesario para completar una operación de valor añadido.

4) *Tiempos de espera.* Recursos sin utilizar esperando poder realizar una actividad.

5) *Sobreproducción.* Producción de productos antes de que sean requeridos.

6) *Tiempos de proceso innecesario.* Procesos ineficientes que originan la necesidad de realizar tareas sin valor añadido.

7) *Defectos y retrabajos.* Utilizar, generar o suministrar productos que no cumplan las especificaciones.

No siempre es posible eliminar todos los procesos que no añaden valor al cliente, pero algunas veces son necesarios para el funcionamiento adecuado de la empresa (ver Figura 1.12)

Figura 1.12. Procesos para el funcionamiento de la empresa

Fuente: Elaboración propia.

Algunos ejemplos podemos verlos en la Figura 1.13.

Figura 1.13. Ejemplos de procesos relacionados con el valor

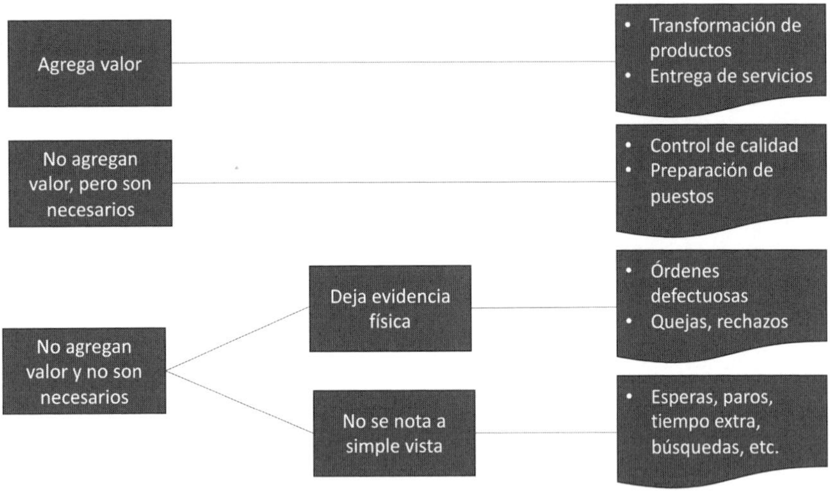

Fuente: Elaboración propia.

1.4.2. Just in time (JIT)

El JIT (Just in time), «justo a tiempo» en castellano, es una filosofía industrial que persigue la reducción de desperdicio desde la adquisición de la materia prima hasta la expedición del producto final y que representa uno de los pilares fundamentales de la filosofía Lean.

Existen muchas formas de reducir el desperdicio, pero el justo a tiempo se apoya en el control físico del material para ubicar el desperdicio y, finalmente, forzar su eliminación.

La idea básica del justo a tiempo es producir los artículos en el plazo de tiempo y en las cantidades que requeridas para que sean vendidos o utilizados por la siguiente estación de trabajo en un proceso de fabricación. También puede extenderse a cualquier actividad de la empresa, o sea, hacer algo solo cuando el cliente lo requiera y en el momento adecuado.

Características del JIT son:

- Igualar la oferta y la demanda. No importa lo que pida el cliente; hay que producirlo como se requiera y cuando se requiera. Hay que buscar que el tiempo de entrega se reduzca al máximo. Esto se consigue reduciendo los tiempos de cambio, las esperas y los tamaños de lotes.

- El peor enemigo: el desperdicio. Eliminar los desperdicios desde la causa raíz realizando un análisis de las estaciones de trabajo.

- El proceso debe ser continuo, no por lotes. Esto significa que se deben producir solo las unidades necesarias en las cantidades necesarias, en el tiempo necesario. Para lograrlo existen dos opciones:

  - Tener los tiempos de entrega muy cortos. Es decir, que la velocidad de producción sea igual a la velocidad de consumo y que se tenga flexibilidad en la línea de producción para cambiar de un modelo a otro rápidamente.

  - Eliminar los inventarios innecesarios. Para eliminar los inventarios se requiere reducirlos poco a poco. Como hemos dicho, el inventario oculta los problemas existentes.

- Mejora continua. La búsqueda de la mejora debe ser constante, tenaz y perseverante paso a paso para así lograr las metas propuestas.

- Es primero el ser humano La gente es el activo más importante. JIT considera que el hombre es la persona que está con los equipos, por lo que son claves sus decisiones y logran llevar a cabo los objetivos de la empresa.

- La sobreproducción es sinónimo de ineficiencia. Se debe eliminar el «por si acaso» utilizando otros principios como son la calidad total, organización del lugar de trabajo, mantenimiento productivo total (TPM), Cambio rápido de modelo (SMED), simplificar comunicaciones, etc.

- No vender el futuro. Las metas actuales tienden a ser a corto plazo; hay que reevaluar los sistemas de medición, de desempeño, etc. El

JIT no solo afecta al proceso productivo; para planificar también hay que usar esta filosofía.

Para realizar estas evaluaciones, se tiene que tomar en cuenta el sistema de planificación justo a tiempo, el cual consiste en un modelo pentagonal, en el cual cada uno de los vértices representa un elemento del sistema (ver Figura 1.14).

Figura 1.14. Sistema de planificación justo a tiempo

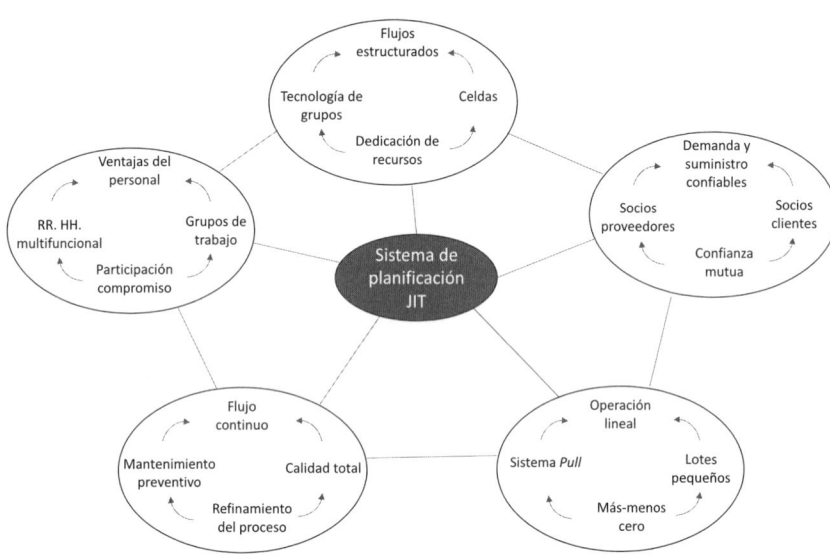

Fuente: Carlos García Coronel (*Manufactura esbelta*, Guía de notas).

Los vértices del pentágono representan la distribución física, la ventaja del personal, el flujo continuo, las operaciones lineales y la demanda y el suministro confiables.

1.4.3. Personas

Las personas, hemos visto hasta ahora, representan un pilar importante dentro de la filosofía Lean. La mayoría de las empresas occidentales, con independencia del sector productivo o de servicios al que pertenezcan, comparten organigramas muy similares, que se caracterizan por:

- más del 50% del personal está en la base,

- las funciones con capacidad de decisión mantienen un contacto limitado con los procesos de generación de valor,

- la toma de decisiones incumbe solo a la cúspide de la organización y afecta a pocas personas,

- las personas se agrupan en departamentos por afinidad de las tareas que van a realizar,

- las prioridades se transmiten verticalmente, de arriba abajo, pero únicamente dentro del mismo departamento.

Lógicamente, todas esas características anteriores predeterminan la forma de estructurar tanto los circuitos de información como los de comunicación. Esas organizaciones son demasiado verticales e ineficientes si realmente queremos mantener una comunicación fluida entre cliente y proveedor. También reflejan la forma de relacionarnos e interactuamos con nuestros colaboradores.

Esta organización así descrita no es muy compatible con la filosofía Lean, donde el líder debe escuchar, entender, formar, informar y ayudar a crecer a sus colaboradores. Por eso es necesario que quien lidera el equipo sea capaz de aceptar sus propios errores, de ser honesto y respetuoso, transmitiendo de forma clara a su personal sus propias fortalezas y debilidades, a pesar de que esto le suponga una incomodidad. Es un liderazgo con voluntad de servicio. Así identificamos tres tipos de liderazgo:

- Liderazgo dictatorial: «¡Seguidme, que os mostraré el camino!».

- Liderazgo motivador: «¡Adelante! ¡Podéis hacerlo!».

- Liderazgo Lean, liderazgo servicial: «¡Entre todos lo haremos!».

Como es lógico, los cambios de liderazgo en las organizaciones no se producen rápidamente, sino que requieren un tiempo de adaptación de esta nueva cultura.

La implicación de todo el personal en las actividades y en la calidad es de vital importancia dentro de esta filosofía, por lo que la relación entre el equipo humano y la calidad es muy importante; en ella sobresalen:

- *OHP, GAP y Soporte.* La organización de la producción por grupos autónomos de producción (GAP) con la organización del soporte y la jerarquización de la toma de decisiones serán claves para el éxito y la sostenibilidad del sistema.

- *Gestión visual y SQCDP.* La elección adecuada de los indicadores de control relativos a seguridad (S), calidad (Q), costes (C), entregas (D) y personal (P) recibirá el apoyo de la gestión visual en el taller de producción de estos.

- *Sistema de comunicación.* El sistema de comunicación ordenado por niveles jerárquicos, desde los operarios hasta el responsable de fábrica, será esencial para la agilidad en la toma de decisiones y la realización de los planes de acción

- *Implicación del personal.* Las herramientas de implicación se desplegarán con el objetivo de motivar al personal y utilizar las capacidades de todos en el desarrollo de la mejora.

- *Sistema eficiente de calidad (QSE).* El sistema eficiente de calidad (QSE) se basa en la asunción de la responsabilidad de la producción y manipulación del producto por parte del propio GAP acorde a las normas de calidad establecidas en el plan de control. Para ello se definen las siete reglas de trabajo cronológico que guían el trabajo hacia la excelencia de la calidad: inspección final, autocontrol, contenedores rojos, retrabajos bajo control, *poka-yoke* (antierror), OK a la primera pieza y QRQC (respuesta rápida ante el control de calidad).

Se utilizarán los siguientes términos:

- *Equipo:* Grupo de personas unidas con un fin común coordinadas por un líder.

- *Jerarquización:* Disposición para la toma de decisiones desde la relevancia del cargo.

- *Implicación*: Estado emocional tendente a la buena disposición para emprender una actividad.

La figura clave es el grupo autónomo de personas (GAP):

- Célula elemental de trabajo. Está compuesta por un reducido número de personas (entre 5 y 8) que desarrollan sus actividades en un mismo entorno de trabajo y tienen objetivos comunes.

- Todo trabajador de la empresa, independientemente del cargo que ocupe, formará parte de un GAP.

- Dentro de dicho grupo, uno de los miembros será el coordinador, el cual se dedica principalmente a la actualización de los datos de la estación de trabajo y cuidar que las distintas metodologías de trabajo, como pueden ser TPM, OEE, Kanban…, se lleven a cabo correctamente.

- El GAP se encuentra bajo la responsabilidad de un supervisor que dirige a número de personas que irá normalmente de 20 a 30.

La estructura del GAP puede verse en la Figura 1.15.

1.4.4. Mejora continua

La mejora continua ayuda mediante métodos de trabajo, contando con las personas y sus equipos de trabajo, y con los indicadores de seguimiento adecuados, a mejorar nuestros resultados de servicio, productividad, calidad y reducción de desperdicios de una manera estándar y constante.

Proviene de los eventos Kaizen que representaban una cadena de acciones realizadas por equipos de trabajo cuyo objetivo es mejorar los resultados de los procesos existentes. Mediante estas mejoras realizadas por los dueños de los procesos y los operadores se lograban mejoras significativas para la rentabilidad de la empresa.

Un sistema de mejora continua requiere un sistema de implantación en la empresa, como pude verse resumido en la Figura 1.16.

Figura 1.15. Estructura del GAP

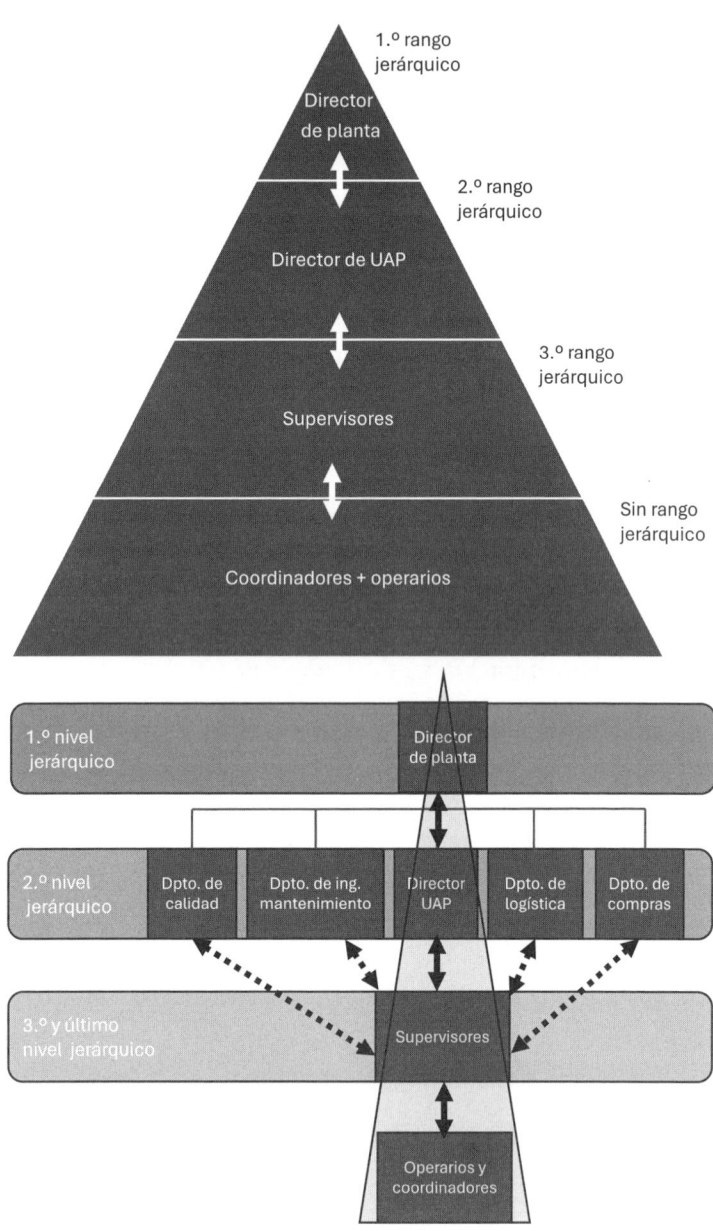

Fuente: Carlos Vivas Peris (Máster ESIC).

Figura 1.16. Implicación en la mejora continua

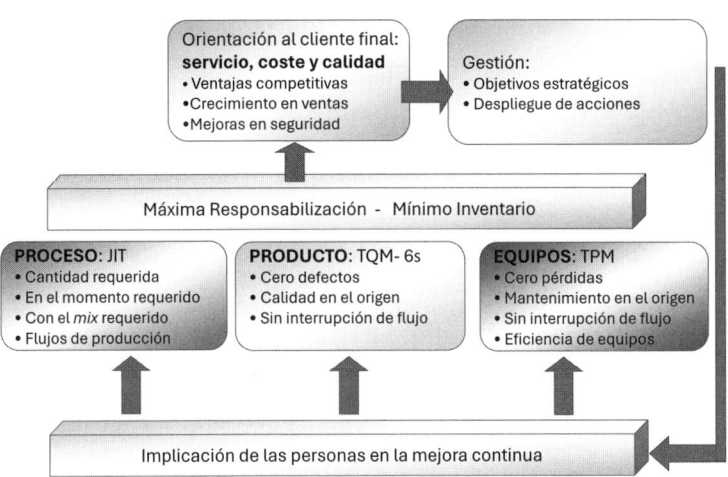

Fuente: Elaboración propia.

Es un proceso de gestión del negocio que pretende convertir la ESTRATEGIA en ACCIÓN. Es un proceso cíclico:

- De arriba abajo: Despliega objetivos.
- De abajo arriba: Reporta resultados.

Busca alinear los objetivos de más alto nivel con las acciones de mejora realizadas en los niveles inferiores.

Está orientado a resultados cuantificables. Las prioridades de actuación de la mejora continua deben tener en cuenta:

- Priorización en función de resultados.
  - Acciones de MC alineadas con los objetivos estratégicos de la fábrica.
  - Acciones con repercusión en los indicadores clave de la fábrica.
- Priorización según las zonas de actuación.
  - Acciones en zonas piloto:
    - Mayor potencial de mejora con menor esfuerzo.

- Por mayor impacto en objetivos globales.
- Por necesidad (nuevos productos).
- Por potencial de extrapolación.

• Priorización según la coordinación con la mejora radical.

– Considerar los planes de innovación a la hora de establecer las líneas de actuación.

– No actuar en zonas en las que esté prevista una reforma radical.

– Utilizar la mejora continua para acelerar la puesta en marcha de una nueva instalación.

El sistema de implantación o despliegue debe ser en cascada (ver Figura 1.17).

Una de las herramientas más importantes para comenzar este despliegue será la matriz *HOSHIN KANRI*, a la que posteriormente nos referiremos.

Figura 1.17. Sistema de implantación de la mejora continua en cascada

Fuente: Elaboración propia.

1.4.5. Empresa visual

La filosofía Lean pretende que las cosas se hagan de manera sencilla y natural usando flujos regulares, equilibradas y el material avanzando unidad a unidad, o sea, algo simple y reconocible visualmente, donde la secuencia del proceso, el recorrido de los productos, los problemas de irregularidad e interrupción del propio flujo, acumulación de *stocks*, etc. pueden observarse, identificarse e incluso valorarse solo con mirar.

En las implantaciones tradicionales en masa, ocurre todo lo contrario. El flujo, el recorrido de los productos y procesos, así como las irregularidades son difícilmente identificables.

Por eso se usa lo que se conoce como *gestión visual*, herramienta de gestión a disposición del responsable y de los miembros de su equipo. Su objetivo consiste en facilitar las operaciones:

- Cada indicador tiene una utilización específica por miembros del equipo.
- Cada indicador tiene un propietario.
- La gestión visual es un soporte para la comunicación verbal.
- Sus informaciones están actualizadas y son pertinentes.
- Cada indicador registra la evolución y el objetivo, y se actualiza diariamente.
- Las visualizaciones deben considerarse como una herramienta y no como un fin por sí mismas; por consiguiente, solo son necesarias si pueden serle útiles a alguien o para un objetivo particular.

La gestión visual es un soporte para:

- La comunicación verbal (indicadores).
- La consulta y formación (estándares).
- El control de los superiores.

La información recogida en la gestión visual debe considerarse como una herramienta y no como un fin en sí misma; por consiguiente, solo es necesaria si puede ser útil.

Para que dicha gestión y control puedan realizarse fácilmente y de forma visual, debe partirse de localizaciones organizadas, ordenadas y limpias, incluyendo la estandarización a todos los niveles para su fácil visualización y entendimiento.

Tendremos como ejemplos de gestión y control visual:

1) *Sistema/tarjetas* Kanban. Kanban significa en japonés «etiqueta de instrucción». La etiqueta Kanban contiene información que sirve como orden de trabajo (esta es su función principal); en otras palabras, es un dispositivo de dirección automático que nos da información acerca de qué se va a producir, en qué cantidad, mediante qué medios y como transportarlo. Se deberán tomar en cuenta las siguientes consideraciones antes de implantar el sistema Kanban:

   – Se debe establecer una ruta de Kanban que refleje el flujo de materiales; esto implica designar lugares para que no haya confusión en el manejo de materiales y se debe hacer obvio cuando el material esta fuera de su lugar.

   – El uso de Kanban está ligado a sistemas de producción de lotes pequeños.

   – Se debe tomar en cuenta que aquellos artículos de valor especial deberán ser tratados de forma diferente.

   – Se debe tener buena comunicación desde el departamento de ventas a producción para aquellos artículos cíclicos de temporada que requieren mucha producción, de manera que se avise con bastante anticipación.

   – El sistema Kanban deberá ser actualizado constantemente y mejorado de forma continua.

   Las funciones principales de Kanban son el control de la producción (integración de los diferentes procesos y desarrollo de un sistema justo a tiempo) y la mejora de los procesos (facilita la mejora en las diferentes actividades de la empresa mediante el uso de Kanban) usando diferentes técnicas: eliminación de desperdicio, organización del área de trabajo, reducción de cambios de modelo, utilización de maquinaria vs. utilización según la demanda, manejo de multiprocesos, dispositivos para la prevención de errores (*poka yoke*), mecanismos a prueba de error, mantenimiento preventivo, mantenimiento productivo total (TPM), reducción de los niveles de inventario...

La información en la etiqueta Kanban debe satisfacer tanto las necesidades de manufactura como las del proveedor de material. La información necesaria en Kanban sería la siguiente: número de referencia del componente y su descripción (nombre/número del producto, cantidad requerida, tipo de manejo de material requerido, dónde debe ser almacenado cuando sea terminado, punto de reorden, secuencia de ensamble/producción del producto).

El sistema Kanban tiene una serie de reglas:

- Regla 1: No se debe mandar producto defectuoso a los procesos subsecuentes.

- Regla 2: Los procesos subsecuentes requerirán solo lo necesario.

- Regla 3: Producir solamente la cantidad exacta requerida por el proceso subsecuente.

- Regla 4: Equilibrar la producción.

- Regla 5: Kanban es un medio para evitar especulaciones.

- Regla 6. Estabilizar y racionalizar el proceso.

Ver ejemplo en Figura 1.18.

Figura 1.18. Ejemplo de *sistema/tarjetas* Kanban

Fuente: Gemba Academy.

2) *Marcas de pintura.* Utilizadas para delimitar espacios en el suelo, paredes u otros elementos del entorno en cualquier instalación productiva (almacenaje, dejar libre, recorridos de las personas, piezas defectuosas, utillaje, etc.). Ver Figura 1.19.

Figura 1.19. Ejemplos de marcas de pintura

 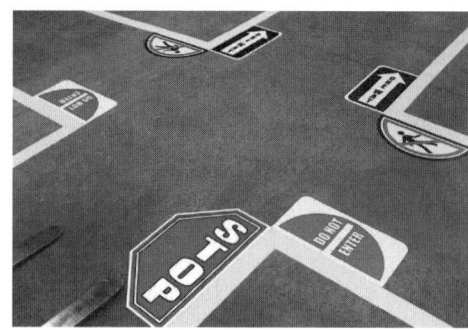

Fuente: baroig.com.

3) *Señales, rótulos y dibujos.* Utilizados para informar de zonas de acceso, peligro, avisos, indicaciones, etc. También pueden utilizarse para limitar ubicaciones de materiales, herramientas y útiles. Ver Figura 1.20.

Figura 1.20. Ejemplos de señales y rótulos

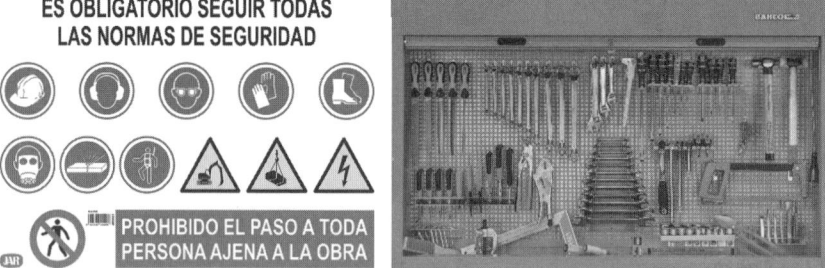

Fuentes: productosjar.com y bahco.com.

4) *Sistemas de luces y sonidos.* Utilizados normalmente para visualizar las condiciones de trabajo en los sistemas productivos.

Los sistemas basados en luces de colores se conocen con la denominación *andon.* Ejemplos son la situación operativa de las máquinas con luces verde, amarilla y roja.

Otras posibilidades de *andon* pueden ser los paneles luminosos en los puestos de trabajo, donde se puede ilustrar cualquier anomalía en dicho puesto.

5) *Estanterías y contenedores.* Diseñados especificamente para ello, las estanterías y los *racks* permiten contener materiales, equipos o productos por tipos o destinos para que sean rápidamente identificados.

También se utilizan mucho los contenedores, que pueden incluir estándares, *stocks* intermedios o terminados y productos defectuosos o con requerimientos de calidad específicos, todos ellos con etiquetas identificativas encima de cada contenedor.

6) *Tabla* Heijunka *para programación nivelada.* Técnica que sirve para planificar y nivelar la demanda de clientes en volumen y variedad durante un periodo de tiempo, normalmente un día o turno de trabajo.

No es aplicable si hay nula o poca variación de tipos de producto.

Requiere un buen conocimiento de la demanda de los clientes y los efectos de esta demanda en los procesos y, a su vez, exige una estricta atención a los principios de estandarización y estabilización.

La programación diaria suele representarse mediante el panel Heijunka, que es un panel visual donde a través de luces o colores se muestra la producción planificada para cada día. También pueden usarse tarjetas Kanban (*heijunka box*), que directamente son órdenes de producción (ver Figura 1.21).

7) *Paneles con información general y específica estandarizada.* Cada vez más en todas las plantas pueden verse paneles o pantallas con información general para compartir con los trabajadores o situación sobre diferentes procesos una vez estandarizados.

Figura 1.21. Ejemplo de tabla *heijunka*

DEMANDA MENSUAL						
ROJO	AZUL	VERDE	NARANJA	AMARILLO	VIOLETA	TOTAL
28	60	18	18	10	6	140

TABLA PRIORIDAD HEIJUNKA																				
	SEMANA 1					SEMANA 2					SEMANA 3					SEMANA 4				
DÍA	1	2	3	4	5	1	2	3	4	5	1	2	3	4	5	1	2	3	4	5
1	1	5	2	2	9	1	5	2	2	9	1	5	2	2	9	1	2	2	2	9
2	1	1	3	3	10	1	1	3	3	10	1	1	3	3	10	2	3	3	3	10
3	2	2	4	4	11	2	2	4	4	11	2	2	4	4	11	3	1	4	4	11
4	1	3	5	5	12	1	3	5	5	12	1	3	5	5	12	1	2	5	5	12
5	2	4	6	6	13	2	4	6	6	13	2	4	6	6	13	2	3	6	6	13
6	3	5	7	7	14	3	5	7	7	14	3	5	7	7	14	3	4	7	7	14
7	4	1	1	8	15	4	1	1	8	15	4	1	1	8	15	1	1	1	8	15

(Columna izquierda: HORA/UNIDAD)

Fuente: herramientaheijunka.wordpress.com.

Un ejemplo usual es la representación de la situación de diversos indicadores previamente establecidos. Pero ¿qué es un indicador?

– Es un dato que refleja el estado de una actividad: Evolución y objetivo.

– Su conformidad con el objetivo marcado es fácilmente visible (rojo/ambar/verde).

– Se rellena preferentemente a mano (o automático de una base de datos capturada) y frecuentemente para la correcta toma de decisiones.

– Lo actualiza el responsable del indicador.

– Está expuesto en su área de influencia para su gestión visual.

Unos de los más usados es el conocido como SQCDP. La elección adecuada de los indicadores de control relativos a seguridad (S), calidad (Q), costes (C), entregas (D) y personal (P) deberá ser apoyada por la gestión visual en el taller de producción. Es una herramienta de gestión visual que le permite diariamente al equipo mejorar el rendimiento y reaccionar a las desviaciones, proporcionando un estado visual de indicadores clave que reflejan la realidad del taller (ver Figura 1.22). Los beneficios son la clara muestra de la contribución de todos al rendimiento de la empresa y el desarrollo de un sentimiento de pertenencia.

Figura 1.22. Ejemplo de panel SQCDP

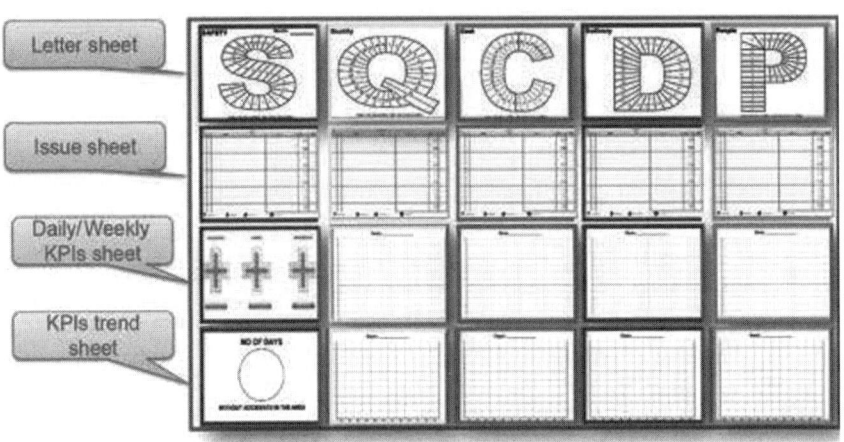

Fuente: Elaboración propia a partir de Airbus Operating System (AOS).

Creación del SQCDP

- Definir el árbol de KPI (L0-L4) en un *workshop* del equipo.

- Para cada letra, *safety* (seguridad), *quality* (calidad), *cost* (coste), *delivery* (entrega), *people* (personal), definir KPI pertinentes para el equipo que se puedan monitorizar y en los que se pueda actuar.

- Definir los participantes de las funciones de soporte a cada nivel y monitorizar la presencia.

Ejecución del SQCDP

- Nivel 0 (operarios): Al comienzo de cada turno, el team leader revisa el rendimiento anterior, y define y comunica los objetivos del turno.

- Al final del turno, se revisa su rendimiento para cada una de las letras y se toman las acciones necesarias en el equipo o se derivan los problemas a un nivel superior.

- En cada nivel, durante la reunión SQCDP diaria, se revisa el rendimiento del día anterior, se responde a los derivados y se toman las acciones necesarias en el equipo o se siguen derivando los problemas. Se siguen las acciones en curso.

Consejos del SQCDP

- La presencia e implicación del team leader es uno de los requisitos clave para implementar y utilizar el SQCDP con éxito.

- Todos los miembros del equipo deben estar involucrados en el *workshop* de definición SQCDP; esto asegurará su compromiso y garantizará su contribución a los objetivos globales del equipo / de la organización.

- El seguimiento de la presencia es importante para asegurar la participación.

- Expresarse durante las reuniones es clave para un proceso SQCDP eficaz.

- Uno de los factores clave de éxito es que el SQCDP está desplegado a todos los niveles de la organización. Asegurará que el proceso de derivar los problemas funciona.

- Es fundamental que los KPI SQCDP estén alineados con los objetivos de la función y que haya un vínculo claro con los KPI al nivel superior. Esto asegura un alineamiento y una priorización organizacional.

- El comportamiento con respeto por parte del *manager* es tan importante como el cumplimiento de un estándar.

Test de autoevaluación 4

4.1. Indica si es verdadera o falsa la siguiente afirmación.
En la filosofía Lean, los conceptos, las técnicas y herramientas suponen los pilares de su implantación.

4.2. Identifica la respuesta correcta, ligada con el Just in time.
a) Debemos tener excedentes «por si acaso» para asegurar tener los productos fabricados que el cliente necesita.
b) El Just in time afecta solamente a producir según lo que el cliente requiere, pero no afecta a la materia prima utilizada en las estaciones de trabajo.
c) En el JIT habitualmente se fabrica por lotes.
d) La planificación del JIT considera la distribución física, la ventaja del personal, el flujo continuo, las operaciones lineales y la demanda y el suministro confiables.

4.3. Identifica cuál de las siguientes respuestas es correcta de acuerdo con el valor.
a) Debemos crear valor en nuestro proceso sin pensar en el global de la empresa.
b) Cualquier actividad que desarrollemos añade valor al producto.
c) Hay algunos procesos que no añaden valor al cliente, pero que son necesarios para que la empresa funcione.
d) *Muri* es una de las 3 M que Toyota expuso como desperdicio, que iba ligado a producir más cantidad de la que el cliente requería.

4.4. Identifica la respuesta correcta de acuerdo con las personas como pilar Lean.
a) El liderazgo de la filosofía Lean corresponde al concepto *¡adelante, podéis hacerlo!*
b) La relación entre el equipo humano y la calidad es muy importante, sobretodo el GAP, la gestión visual, el sistema de comunicación, la implicación del personal y un sistema eficiente de calidad.
c) El grupo autónomo de personas (GAP) está compuesto por un reducido número de personas (entre 5 y 8) que desarrollan sus actividades en un mismo entorno de trabajo y tienen objetivos comunes sin necesidad de supervisión.
d) La toma de decisiones incumbe solo a la cúspide de la organización, afecta a muy pocas personas y transmite las prioridades verticalmente, de arriba abajo, pero únicamente dentro del mismo departamento.

4.5. Indica cuáles respuestas son válidas (puede haber varias) en el pilar de la mejora continua dentro de la filosofía Lean.
a) La mejora continua debe ser un sistema cíclico donde desplegamos objetivos de arriba a abajo y reportamos resultados de abajo a arriba.
b) Las prioridades de actuación de la mejora continua deben ir hacia zonas donde se esté produciendo una reforma radical.
c) Los eventos Kaizen tienen como objetivo mejorar los resultados de los procesos existentes. Mediante estas mejoras realizadas por los dueños de los procesos y los operadores, se logran mejoras significativas para la rentabilidad de la empresa.
d) La implantación de un sistema de mejora continua comienza con la transmisión de los objetivos de abajo hacia arriba.

4.6. Identifica las respuestas correctas (puede haber varias) relacionadas con la gestión visual en la filosofía Lean.
a) El SQCDP es una tarjeta Kanban que nos ayuda a identificar problemas de seguridad, calidad, costes, entregas y personal.
b) Las tarjetas Kanban nos ayudan a realizar una actividad indicando cuándo, en qué cantidad, con qué medios y, en su caso, cómo transportar el producto.
c) La gestión visual es un pilar a disposición del responsable y de los miembros de su equipo. Su objetivo consiste en facilitar las operaciones mediante indicadores de cumplimiento.
d) La tabla *heijunka* se utiliza para hacer una programación nivelada entre los clientes y los proveedores.

2

Herramientas

2.1. HERRAMIENTAS LEAN PARA CADA PRINCIPIO

Ahora vamos a detenernos en diferentes herramientas que nos ayudan a desarrollar y aplicar todos los principios de la filosofía Lean. En este apartado las clasificaremos según su aplicación a cada uno de los cinco principios identificados anteriormente. Las principales herramientas vienen definidas en la Tabla 2.1.

En los siguientes apartados se profundizará en algún aspecto de las anteriores herramientas.

2.1.1. Valor desde el punto de vista del cliente

1. Voz del cliente (VOC)

La voz del cliente es un conjunto de herramientas utilizadas para reconocer e identificar los requisitos desde la perspectiva del cliente.

¿Qué quiere y desea el cliente de nuestros productos/servicios?

Entrevistas, encuestas, *workshops*, etc., son herramientas útiles para obtener esta información.

Tabla 2.1. Principales herramientas LEAN según principios

Define VALOR desde el punto de vista del cliente	Identifica tu CORRIENTE de VALOR	CREA FLUJO de VALOR	Producir según *PULL* (tirar) no *PULL* (empujar)	Persigue la PERFECCIÓN
Voz del cliente (VOC)	*Supplier/input/ process/output / customer maps* (SIPOC)	*Standard work /* Estandarización	*Takt time /* Tiempo de ciclo	*Plan/Do/Check/ Act* (PDCA ciclo) Planificar/ Hacer/Revisar/ Actuar
Critical to quality (CTQ)	*Value stream mapping /* mapa del flujo de valor (VSM)	5S	*Line balancing /* Equilibrado de línea y proceso	Kaizen (mejora continua)
Key characteristics / Características clave (KC)	*Process Mapping/* Flujograma	*Process planning* / Elaboración del proceso	*Quick change over or set up time reduction* (SMED) (*single minute exchange of die*) / Cambio rápido de medios productivos	*Design for manufacture, assembly and test /* Diseño para fabricación, montaje y pruebas (DFSS)
	Siete desperdicios		*Batch size reduction /* Reducción tamaño de lote	*Practical problem solving/* Resolución práctica de problemas (PPS)

Fuente: Elaboración propia.

2. *Critical to quality* (CTQ)

Los CTQ son la traducción de las necesidades de los clientes en requisitos cuantificados para nuestro producto/servicio. Dichas características son críticas para el cliente y debemos incorporarlas en nuestro producto/servicio.

Un ejemplo muy típico es la casa de la calidad o despliegue de la función de la calidad, que nos ayuda mediante un gráfico a identificar los requisitos y a incorporarlos a nuestro diseño.

El despliegue de la función calidad, o QFD, casa de la calidad, aporta lo siguiente a la hora de diseñar de un producto:

- Una visión objetiva de qué es lo que buscan los usuarios en un producto y de los requisitos que debe tener (incluir las opiniones del cliente en la especificación del producto).

- Una priorización de qué características son las más prioritarias para añadir y cuáles no son necesarias.

- Una situación de cómo está nuestro producto actual frente a la competencia y cuáles son los aspectos por mejorar para ser más competitivos (ver Figura 2.1).

Un ejemplo de casa de la calidad lo podemos tener en la Figura 2.2, que representa una cámara digital de fotos, donde una empresa determinó los *deseos* del cliente, lo que *quería*, deseos que se indican a la izquierda en la casa de la calidad y que son los siguientes: poco peso, facilidad de manejo, fiabilidad, facilidad de sujeción y eliminación de doble exposición. En segundo lugar, el equipo de desarrollo del producto determinó cómo la organización iba a traducir esos *deseos* del cliente en objetivos de atributos del diseño del producto y del proceso. Esos *cómo* se introducen en la parte superior de la casa de la calidad. Esas características son: bajo consumo en electricidad, componentes de aluminio, autoenfoque, autoexposición, avance automático de la película y diseño ergonómico.

3. Key characteristics / características clave (KC)

Los KC son las variables cuyos atributos tienen el mayor impacto en los CTQ desde la perspectiva del cliente. También pueden utilizarse dentro del proceso de producción o del servicio para conseguir la calidad requerida y evitar desviaciones durante la fabricación del producto o entrega del servicio. Normalmente se identifican las variables y se cuantifican (ver Figura 2.3).

Figura 2.1. Casa de la calidad para el despliegue de la función de calidad (QFD)

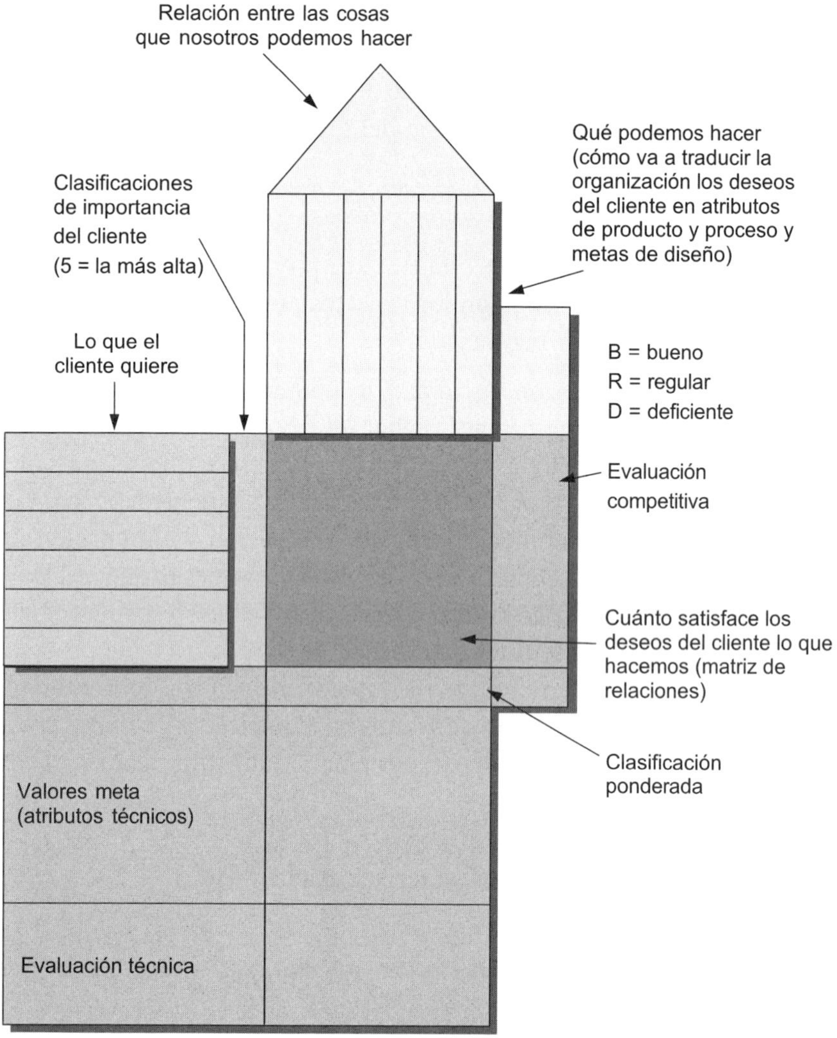

Fuente: Elaboración propia a partir de Heizer, J. y Render, B. (2015).

Figura 2.2. Ejemplo de Casa de la calidad para el despliegue de la función de calidad (QFD)

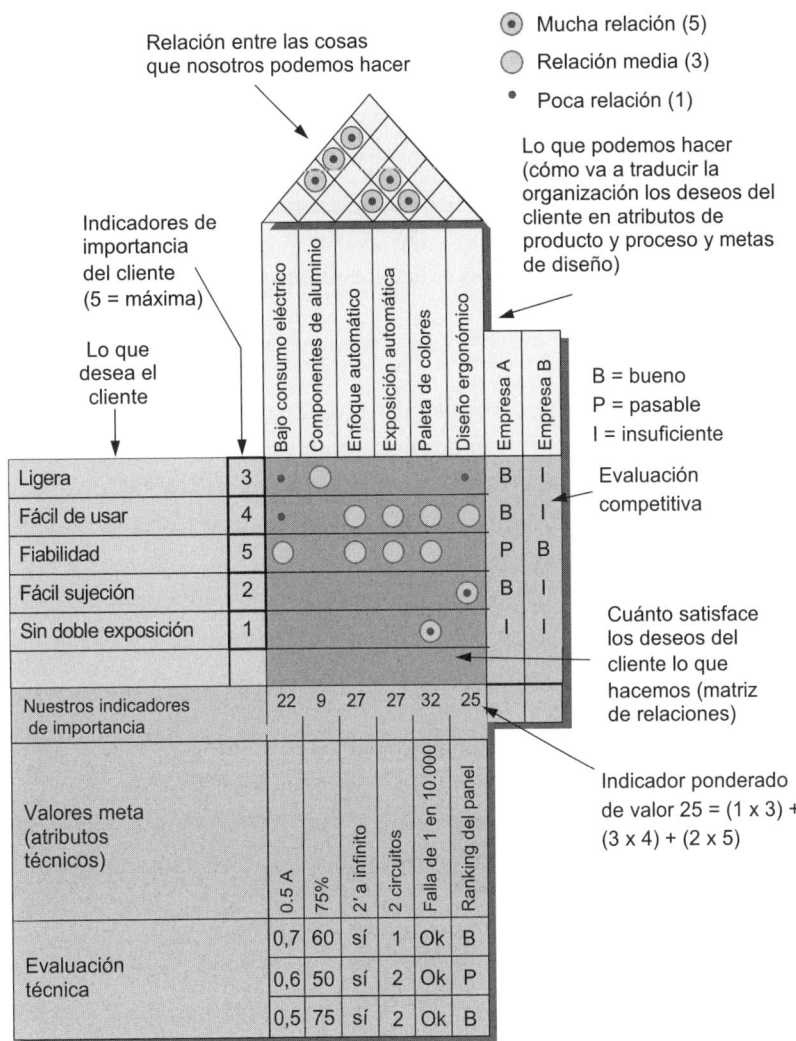

Fuente: Elaboración propia a partir de Heizer, J. y Render, B. (2015).

Figura 2.3. Impacto de variación en las CTQ

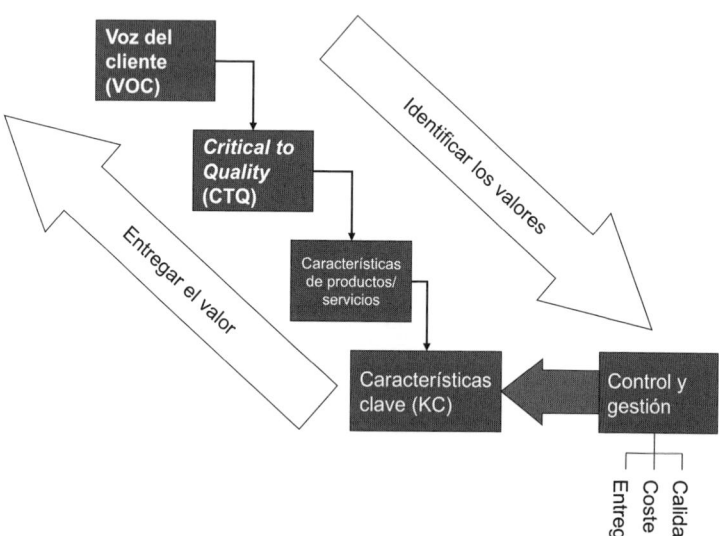

Fuente: Elaboración propia.

A continuación, puede verse un gráfico donde interaccionan los tres conceptos y se comprueba cómo se identifican o evalúan aquellas características que añaden valor al cliente y como tras esa evaluación podemos asegurar que entregamos ese valor requerido a los clientes, como puede verse en la Figura 2.4.

Figura 2.4. Relación entre VOC, CTQ y KC

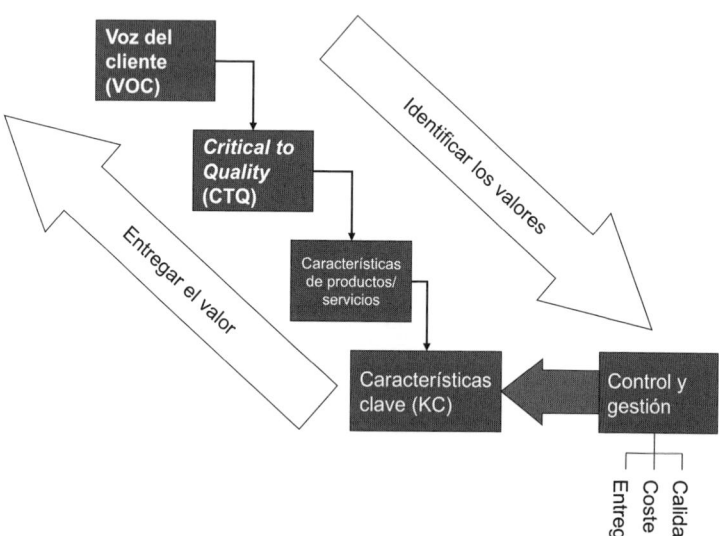

Fuente: Elaboración propia.

2.1.2. Identifica tu corriente de valor

1. *Supplier/input/process/output/customer maps* (SIPOC)

Un diagrama SIPOC sirve para documentar los proveedores (*suppliers*), entradas (*inputs*), procesos (*process*), salidas (*outputs*) y clientes (*customers*) en una operación. Una lista de estos elementos ayuda a marcar los límites de un proceso a un alto nivel. El diagrama se usa para proveer a quienes toman las decisiones con información crucial sobre todo el proceso, pero sin entrar en mayores detalles.

Dada la multitud de factores de los que depende el éxito del negocio, se debe aprovechar cualquier oportunidad para garantizar un funcionamiento más fluido y una mayor satisfacción de los clientes. El SIPOC le mostrará la relación directa entre lo que le piden los clientes, lo que obtiene de los proveedores y la forma de casar ambas cosas en su proceso. Le ayudará a encontrar respuestas a preguntas como:

- ¿Se traducen correctamente las peticiones de sus clientes en bienes y servicios?

- ¿Suministran sus proveedores exactamente lo que usted necesita?

- ¿Conoce realmente a su cliente?

- ¿Su equipo está tomando la ruta más sencilla en la creación del producto o servicio? ¿Hay alguna forma de facilitar este proceso?

- ¿Los proveedores aportan los insumos al proceso en forma de materiales —ya sean bienes físicos o información— que una empresa necesita para funcionar? ¿Estamos gestionando a nuestros proveedores de la mejor manera posible?

- ¿Las salidas, o productos, son el resultado del proceso y responden en gran medida a los requisitos del cliente?

Dicho diagrama puede verse reducido en la Figura 2.5.

Figura 2.5. SIPOC

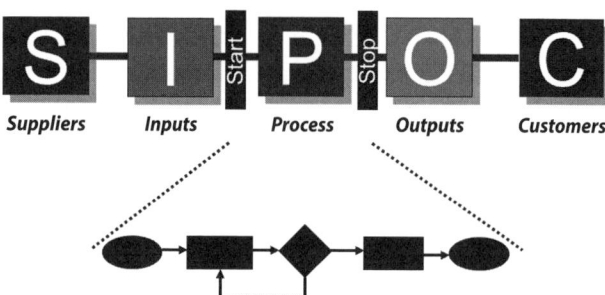

Fuente: Elaboración propia.

2. *Value stream mapping* / mapa del flujo de valor (VSM)

- *Definición y propósito.* El mapa de flujo de valor (VSM) ayuda a tener una visión clara y alineada sobre el flujo actual (AS IS), para visualizar y poder eliminar los cuellos de botella y los retardadores de flujo, para mejorar el *lead time* en el mapa de flujo futuro FSM.

- *Proceso general:*

    - Las cartografías de flujo de valor (VSM) se realizan para los flujos de valores principales (p. ej., CA/MCA, piezas elementales, flujos de suministro crítico, etc.). Aseguran el uso correcto de cajas de datos VSM para capturar datos detallados.

    - Sistema *pull* establecido para las entregas en el almacén con mecanismos de lanzamiento claros.

    - Se definen el *critical path*, los cuellos de botella y los puntos de estancamiento en el VSM (material, máquinas y mano de obra).

    - Se planifican y controlan WIP (*work in process* / trabajo en proceso) y almacenes reguladores.

    - Se identifican las oportunidades futuras (*TO BE*) con las acciones relacionadas.

    - Se establece y se sigue el plan de implementación táctica.

- Seguimiento mensual de los *lead time* de proceso y WIP como parte de la gobernanza de los GAP. Plan de acción establecido para reducir las causas de la variabilidad del *lead time*.

- *Propósito:*

  - Para definir la estrategia de regulación de *buffers* y optimizar la industrialización de la línea comparando la adherencia al *takt* con la capacidad/capabilidad de la arquitectura de la línea (capacidad = almacén regulador, mano de obra, plantillas... capabilidad = especificaciones técnicas, flujo de información y de material).

  - Mejorar los objetivos de entrega identificando las causas raíz de la variabilidad del *lead time* e inventario y mejorando la arquitectura de la línea (*buffer*, puntos de desacople...).

  - Identificar el NVA / *non value added* (desperdicios) dentro del flujo para evitar inversiones potenciales y ayudar a posibles incrementos de la producción.

- *Metodología:*

  - Definir un *value stream manager.*

  - Preparar el VSM recopilando datos precisos y pertinentes que alimentarán las cajas de datos y que se compararán con la realidad del taller.

  - Facilitar los *workshops* necesarios requeridos para definir el estado actual y desarrollar un FSM con los actores pertinentes (producción, ME, calidad, logística).

  - Lanzar un mapeo macro del flujo «que debería ser» permitiendo la partición en grupos para los gembas (lo veremos posteriormente).

  - Realizar observaciones en el taller para permitir el mapeo del estado actual (AS IS), identificando los puntos problemáticos principales para la producción actual y la futura.

  - Definir el impacto y las consecuencias para cada punto problemático para priorizar las acciones.

– Mapear el estado futuro teniendo en cuenta los puntos problemáticos y bloqueadores de flujo para los aumentos de producción futuros.

– Incluir una revisión/actualización del VSM si cambia la estrategia/planificación para permitir revisiones y actualizaciones de flujo e infraestructura.

Un ejemplo de VSM puede ser el de la Figura 2.6 para un proceso de fabricación y montaje.

Figura 2.6. Ejemplo de VSM

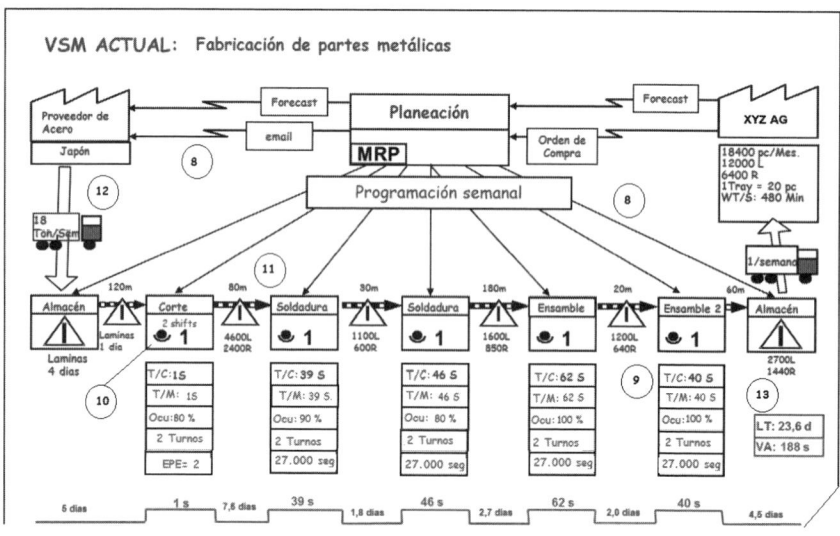

Figura: mapadelflujodevalor.blogspot.com.

- *Las características principales de un VSM son:*

  – El alcance de nuestro VSM puede ser el que queramos (una fábrica completa, un grupo de máquinas, un área específica, etc.), pero debe ser para un único paquete de trabajo.

  – Debemos recorrer el segmento que vamos a estudiar desde el comienzo del proceso hasta el final. A veces es necesario hacer un gemba previo.

- Se comienza por el punto de recepción de materiales, continuaremos por el almacén, seguiremos por las cadenas de fabricación y finalizaremos en los muelles de expedición. Se suele empezar el análisis desde el final, el almacén de producto terminado hacia atrás, hasta el almacén de materias primas.

- Lo ideal es que el ritmo de fabricación sea exactamente igual al ritmo del cliente. Empezamos dibujando al cliente y sus datos.

- Después seguiremos dibujando nuestros proveedores de componentes y materias primas (consideraremos un solo proveedor) y sus datos.

- Después añadiremos el mapa de procesos básicos de producción. Utilizaremos una caja de proceso para cada uno de los procesos que se lleven a cabo en la fabricación. Para nuestro caso supondremos cuatro procesos: ensamble de chasis y carrocería, ensamble de piezas mecánicas, pintura y acabados.

- Dentro de cada caja de proceso, incluiremos el nombre del proceso, el tiempo de ciclo, OEE de máquinas y equipos, número de operarios... todo aquello que pueda ser de utilidad para el proceso.

- A continuación se situarán los *stocks* al principio y al final del proceso, así como los *stocks* intermedios entre estaciones de trabajo. Se utilizará un triángulo para simbolizar el almacenamiento y en su interior se colocará el número de piezas que se encuentran almacenadas en ese punto. También puede indicarse el tiempo medio que pasa cada unidad almacenada.

- Después se unen los procesos y los *stocks* mediante flechas.

- Se suele incluir información sobre el suministro de los proveedores a nuestra fábrica y sobre las entregas que realizamos a nuestro cliente.

- Pueden diferenciarse el flujo de materiales con flechas discontinuas para los productos no acabados y flechas continuas para los productos terminados.

- También se deben incluir los flujos de información, internos de nuestra fábrica y los flujos de información con nuestros proveedores y clientes. Serán usualmente líneas rectas con flujos manuales de información y quebradas para flujos automáticos.

- Después incluiremos en el gráfico los tiempos de espera y los tiempos de valor añadido de nuestro proceso. En la parte inferior, debajo de las cajas de proceso dibujaremos líneas arriba y abajo dependiendo de si se trata de un tiempo de espera o de valor añadido y anotaremos dicho tiempo, como, por ejemplo:

Figura 2.7. Ejemplo de tiempos de espera y de valor añadido en VSM

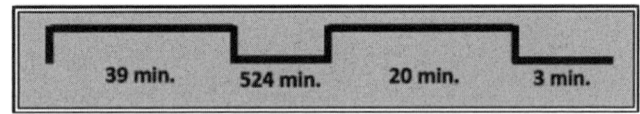

Fuente: Alvaro del Cerro Lavín.

Se partirá de una situación actual con un VSM inicial y, posteriormente, se buscará reducir el *lead time* y mejorar las no conformidades.

3. *Process mapping* / flujograma de los procesos

- Es una representación gráfica de los procesos que intervienen en la fabricación/montaje/entrega del producto o servicio.

- Representa todas las actividades del negocio.

- Puede dividirse en otros subprocesos tanto como se necesite.

- Representa otra oportunidad para poder realizar:

  - un análisis,

  - una evaluación y cuantificación,

  - simulación y mejora,

  - presentación y comunicación.

- A continuación pueden verse distintos tipos de gráficos como ejemplos en la Figura 2.8.

Figura 2.8. Ejemplos de flujograma de los procesos

Flow diagram	*ICOR chart*	*Flow chart*

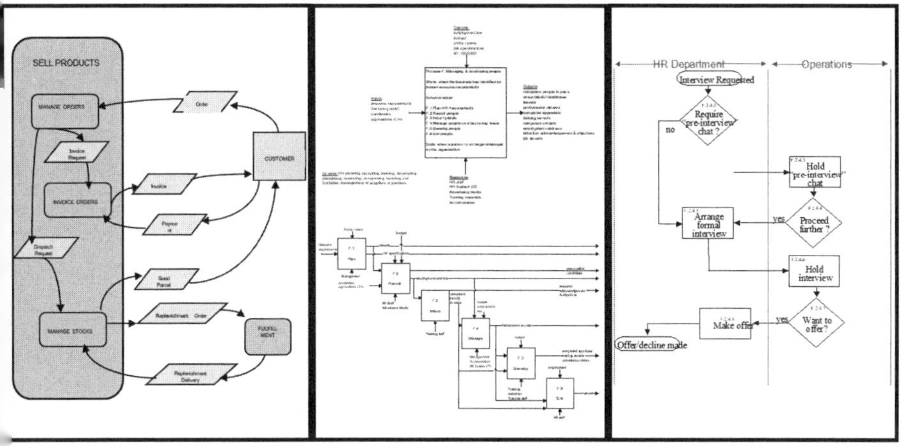

Fuente: Elaboración propia.

4. Siete desperdicios

En el apartado de los pilares Lean ya se trató el tema de los siete desperdicios, aunque aquí lo vamos a desarrollar más profundamente y añadiremos un octavo.

El primer paso para eliminar los desperdicios es reconocerlos e identificarlos (ver Figura 2.9).

Resumimos en un gráfico los siete desperdicios (Figura 2.10).

a) *Sobreproducción.* Producción de productos antes de que sean requeridos. Penaliza el flujo de materiales y genera inventarios. Ejemplos de sobreproducción son:

- Tareas finalizadas antes de que sean requeridas en el siguiente proceso.
- Fabricación anticipada para cubrir posibles ineficiencias (p. ej.: averías).

Figura 2.9. Primer paso para eliminar los desperdicios

Valor añadido, cualquier proceso que cambia naturaleza, forma, características del producto, en línea con lo que el cliente espera

¡¡¡Primer paso para eliminar los desperdicios es reconocerlos!!!

Sin valor añadido, pero inevitable con la tecnología **y métodos actuales.** No debieran aumentar el valor del producto

Desperdicios, Todos los medios y actividades no esenciales que no añaden valor al producto y pueden ser eliminados

X

Fuente: Elaboración propia.

Figura 2.10. Los 7 desperdicios

Sobreproducción
Producir en exceso o con demasiada antelación

Movimiento
Cualquier movimiento que no añada valor

Transporte
Cualquier transporte no esencial es un desperdicio

Retrabajos
Cualquier repetición de trabajo

Inventario
Cualquier cantidad por encima del mínimo necesario para levar a cabo el trabajo

Sobre proceso
Trabajo o servicio adicional no percibido por el cliente

Esperas
Espera para piezas o documentos, espera para que una máquina termine el ciclo, tiempo sin actividad del personal

Fuente: Carlos García Coronel (*Manufactura esbelta*, Guía de notas).

- Fabricación en lotes para optimizar cambios.

- Falta de fiabilidad en programas de fabricación y aprovisionamiento.

- Producir todo lo que se pueda sin mirar la capacidad del siguiente proceso.

- Asignar a los puestos material de sobra para que no paren.

- Fijar objetivos locales de productividad.

- Fijar un % de sobreproducción para cubrirse del posible *scrap*.

- Invertir en máquinas de velocidades muy superiores a lo necesario.

b) *Tiempos de espera*. Recursos sin utilizar esperando poder realizar una actividad. Repercute en una menor productividad y en un mayor *lead time*. Ejemplos de tiempos de espera innecesarios son:

- Espera por averías de equipos o preparaciones.

- Espera por falta de materiales.

- Espera por procesos desequilibrados.

- Espera a ciclos automáticos.

- Espera a información (p. ej.: reparaciones, modificaciones, etc.).

- Espera a medios de manipulación (p. ej.: puente grúa).

c) *Transporte y almacenaje*. Tiempo invertido en transportar y almacenar materiales. Repercute en un mayor coste y *lead time*. Ejemplos de transporte y almacenaje son:

- Transporte de materiales entre zonas «aisladas».

- Operaciones de almacenaje, *picking*, ubicación, etc.

- Movimiento de información en papel.

d) *Tiempos de proceso innecesario*. Procesos ineficientes que originan la necesidad de realizar tareas sin valor añadido. Repercute en una menor productividad. Ejemplos de tiempos de proceso innecesario son:

- Generar más información que la necesaria (no se utiliza).
- Ajustes de procesos por encima de lo requerido.
- Tareas duplicadas (inspecciones).
- Embalajes que luego se desembalan en procesos posteriores.
- Utilización de herramientas inadecuadas.
- Secuencia inadecuada de operaciones de fabricación/montaje/ entrega.
- Utillaje / medios de producción inadecuados.

e) *Inventarios*. Acumulación de materia prima, producto en curso o producto terminado. Repercute en un mayor coste, defectivo y mal servicio al cliente. Esto nos obliga a tener más *stock* que el necesario y acumular información. Algunas tareas que nos origina el inventario son:

- Necesidad de espacio, defectos, transporte, pérdida, clasificación, trazabilidad, impuestos, seguros, recepción, conteo, contabilizar, inspeccionar, almacenar, asignar costes, obsolescencia, búsqueda, etc.

El inventario es el diablo, a veces necesario, pero tenemos que deshacernos de él, pues nos engaña ocultando problemas como: productos defectuosos, averías, procesos no equilibrados, planificación defectuosa, etc.

f) *Movimientos*. Cualquier movimiento (método) que no es necesario para completar una operación de valor añadido. Repercute en una menor productividad. Ejemplos de movimientos innecesarios:

- Desplazamiento y búsqueda de herramientas.
- Movimientos de alcanzar, agacharse, inclinarse, desplazarse, darse la vuelta.
- Aquellos no ergonómicos.
- Doble manipulación de piezas o componentes.
- Desplazamientos a PC, monitores, impresora, consultas, etc.

g) *Defectos.* Utilizar, generar o suministrar productos que no cumplan las especificaciones. Repercute en un mayor coste, retrasos, mala calidad y un mayor *lead time*. Estos defectos pueden originar:

- Inspeccionar.
- Reprocesar.
- Enviar productos defectuosos al siguiente proceso.
- Defectos de planta:
  - *Stock* en curso.
  - *Layout* ineficiente.
  - Zonas de inspección.
  - Zona de reprocesos.
  - Tamaño de lote de producción.
  - Tamaño de lote de transferencia (contenedores).
  - Flujo intermitente.
- Defectos de proceso:
  - Tiempos de preparación altos.
  - Desequilibrios entre operaciones.
  - Falta de mantenimiento.
  - Organización, orden y limpieza.
  - *Buffers.*
  - Defectos, chatarra en el proceso.
- Defectos de método:
  - Agacharse e inclinarse.
  - Dobles manipulaciones.
  - Desplazamientos.
  - Búsqueda de materiales.
  - Exceso de papeles.

h) *No saber aprovechar el potencial del personal.* La implicación, el conocimiento y la utilización de las capacidades de todo el personal involucrado en el proceso productivo es la clave fundamental para el éxito empresarial.

2.1.3. Crea flujo de valor

1. *Standard work* / estandarización

La estandarización es una herramienta básica para poder implantar, desarrollar, visualizar y mejorar la filosofía Lean. Corresponde a los métodos para asegurar el correcto uso de los medios identificados en el proceso, presentar la información en idénticos formatos, presentar un trabajo seguro basado en los movimientos humanos y es la base de la mejora continua (seguridad, eficiencia, calidad y costes).

Los beneficios de la estandarización serán:

- Mejora la seguridad del operario y la eficiencia en el trabajo, estudiando con detalle los movimientos humanos.
- Asegura la calidad de los productos.
- Ayuda a tener un mismo criterio entre turnos y compartir las mejoras en otras áreas.
- Provee al operario de la oportunidad de definir y mejorar su trabajo.
- Es la base para el entrenamiento.
- Controla la variabilidad.
- Asegura compartir las mejoras en otras áreas.

El estándar de trabajo es un sistema de gestión: se utilizan las mismas herramientas por todos.

El estándar de trabajo tiene una documentación uniforme: hojas de proceso, operaciones, fichas de trabajo, *layout*, etc.

El estándar de trabajo permite la gestión visual: paneles de control, SQCDP, etc.

Como puede verse en la siguiente Figura 2.11, el trabajo estandarizado es como la partitura para un músico.

Figura 2.11. Ciclo de estandarización y ciclo de mejora

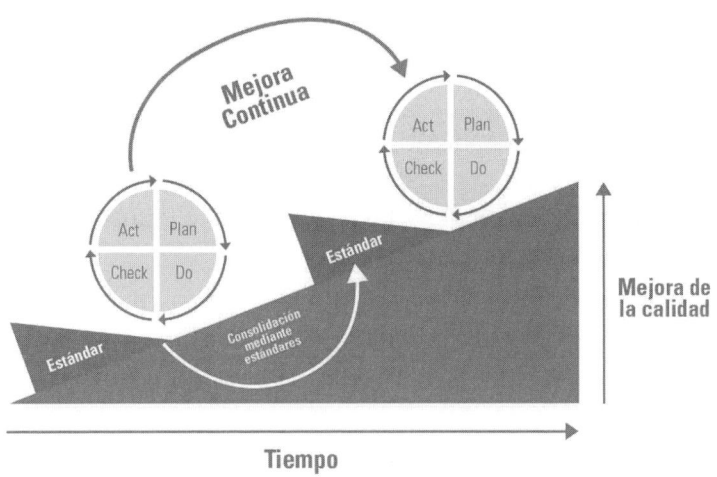

Fuente: Leansis Productividad.

El control dentro de la estandarización es importante también considerarlo como el sistema de información global de los procesos que recoge la documentación necesaria para conocer y desarrollar un proceso de forma estable. Ejemplos son hojas de instrucciones de proceso, procedimientos de preparación, chequeo de POKA YOKES, autocontrol, cartas de SPC, procedimiento y registro de automantenimiento, libro de a bordo, hoja de tiempos, etc.

2. 5S

El movimiento de las 5S toma su nombre de cinco palabras japonesas que constituyen el *housekeeping* de la fábrica, la oficina o la casa y que empiezan con la letra S:

- *SEIRI* = ELIMINAR: Seleccionar en el puesto de trabajo lo que es estrictamente necesario y que debe ser conservado, eliminando el resto.

- *SEITON* = ORDENAR: Colocar cada cosa en su sitio, analizando los movimientos en los puestos de trabajo y reduciendo gestos inútiles, esfuerzos y pérdidas de tiempo. Un lugar para cada cosa y cada cosa en su sitio.

- *SEISO* = LIMPIAR E INSPECCIONAR: Asegurar la limpieza del puesto de trabajo eliminando las suciedades y así permitir inspeccionar las máquinas con el fin de detectar anomalías (fugas, suciedades, etc.).

- *SEIKETSU* = ESTANDARIZAR: Definir las reglas por las cuales el puesto de trabajo quedará despejado de objetos inútiles, ordenado, limpio, auditado y los medios para eliminar las causas de suciedades o de desorden.

- *SHITSUKE* = RESPETAR, HACERLO RESPETAR Y PROGRESAR: De la competencia del equipo directivo, fijarse por objetivo el mantenimiento de buenos hábitos animando a los colaboradores a respetar las reglas definidas.

La escasa aplicación de estos conceptos, principalmente en empresas manufactureras y de producción en general, en las que pocas veces (más bien nunca) se recibe al cliente final en sus instalaciones, es generalizada, lo cual no deja de ser preocupante, no solo en términos del desempeño empresarial sino humanos, que resulta degradante, para cualquier trabajador, desempeñar su labor bajo condiciones insanas. Este hecho hace pensar que en estos entornos será difícil alcanzar niveles de productividad y eficiencia elevados, lo que pone de manifiesto la necesidad de aplicar coherentemente las 5 S en nuestra rutina diaria, pues siempre será mejor desarrollar nuestras actividades en ambientes seguros y motivantes.

Básicamente, con esta herramienta conseguimos mejorar nuestro entorno de trabajo, cumplir en seguridad y ergonomía, mejorar la calidad, ganar tiempo, trabajar en equipo y mejorar la organización.

Algunos de los beneficios que genera la implementación de las 5 S son:

- Mayores niveles de seguridad.

- Aumenta el sentido de pertenecía y, por tanto, la motivación de los empleados.

- Reducción en las pérdidas y mermas por producciones con defectos.

- Mayor calidad.

- Tiempos de respuesta más cortos.

- Aumenta la vida útil de los equipos.

- Genera cultura organizacional.

Además, acerca a la compañía a la implantación de modelos de calidad total y aseguramiento de la calidad y, lo más importante, es un pilar de suma importancia para cualquier campaña de seguridad. A continuación, en la Figura 2.12 puede verse la relación entre las 5 S.

Figura 2.12. Relación entre las 5 S

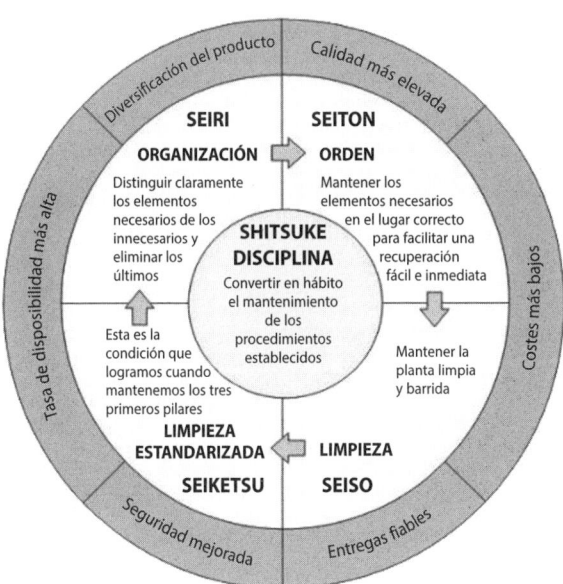

Fuente: ims.eus.

3. Process planning / elaboración del proceso

La elaboración del proceso consistirá en:

- Información donde se combinan datos de las personas, materiales, métodos y máquinas para elaborar las diferentes tareas que lleva la fabricación de un producto o entrega de un servicio.

- Planificar un proceso que tenga la calidad incorporada además de ser altamente económico.

- La calidad debe integrarse en el proceso para permitir que el valor fluya de manera efectiva.

- Pensar que nuestro proceso es parte anterior, interna o posterior de otros procesos. Debemos pensar que la siguiente parte de nuestro proceso es nuestro cliente.

Los elementos específicos que tener en cuenta en el desarrollo del proceso son:

- Métodos de procesamiento, procedimientos y normas.

- Automatización.

- Creación de línea de flujo si es posible.

- Disposición en la planta.

- Métodos de control de calidad.

- Tiempos para obtener rentabilidad (coste-beneficio).

- Recursos humanos.

- Verificación de restricciones.

- Ergonomía.

- Gráficas explicativas.

Los niveles de calidad requeridos en cada paso del proceso deben estar claramente identificados y definidos.

Hay que elegir el método más apropiado solo después de un examen exhaustivo de todas las ventajas y desventajas de varias alternativas.

Se deben considerar los medios de garantía de calidad necesarios para asegurarla.

El grado de autonomía del equipo ejerce un impacto considerable en la calidad, así como en los costos de inversión y la planificación de la mano de obra.

Elimina la necesidad de que un operador vigile un proceso.

Se centra en el flujo de materiales, personas e información.

Se diseñan configuraciones libres de desperdicios y que permitan que la carga del operador se mantenga siempre a un nivel razonable.

Se tiene en cuenta la flexibilidad de los procesos en cuanto a alternativas y personas (polivalencia).

Los sistemas de medición deben monitorear la calidad del proceso en lugar de la calidad del producto obtenido.

Se realiza un análisis coste-beneficio de la rentabilidad relativa de los distintos pasos del proceso.

Es importante considerar el coste total y no simplemente la inversión: costes de las operaciones diarias, coste de calidad, costes unitarios, costes directos, costes indirectos, etc.

Hay que tener en cuenta las limitaciones que afectan a la planificación del proceso, por ejemplo, el presupuesto de inversión, las limitaciones de espacio, el uso efectivo del equipo actual, etc.

Se administran las restricciones con documentación bien preparada y planificada, como plan de proceso, hojas de planificación de métodos, horarios, hojas de trabajo estándar, auditorías, hojas de verificación, etc.

En la Figura 2.13 puede verse un ejemplo de hoja de proceso.

2.1.4. Producir según *PULL* (tirar) no *PUSH* (empujar)

1. Takt time / tiempo de ciclo

El *takt time* o *drumbeat* está relacionado con el JIT, ya que es el principio de que toda la actividad dentro de una empresa se sincroniza mediante un pulso, establecido por la demanda del cliente. De esa manera sincronizamos todas las etapas de nuestra producción a dicha demanda y evitamos tiempos muertos (ver Figura 2.14).

Figura 2.13. Ejemplo de hoja de proceso

Work Element Sheet W.E.S.

ROPS #	VMI #	Work Step Description				Work Element Sheet 1	Page 1 Of 2	
		Door system filter & check valve change					Revision Date	
Step #		Work Step Description	Maintain	Walk	Wait	Symbol	Key Point	
	1	Ensure suitable PPE is worn & local safety instructions are adhered to at all times				○	Refer to Local instructions	Safety or Ergonomics
	2	Close the door supply isolating cock				○	Rotate isolating cock (See picture below)	
	3	Drain the door system reservoir & associated filter/strainer units.				○	Close drain cocks on completion	
	4	Drain the main reservoir				○	See picture below, rotate drain cock to open, close once drained	
	5	Renew door air filter				F	Unscrew filter bowl remove & renew filter & 'O' rings.	Function Critical
	6	Remove the regulator & surrounding pipe work to gain access to the check valve					Disconnect air pipe down line from the regulator (LHS on picture). unscrew regulator bracket screws & disconnect fitting between regulator & check valve. Remove disconnected regulator section	
	7	Renew the check valve				F	Disconnect the check valve & replace with new from stores. Retain old check valve and note on recording sheet	

Visual Aid/ Sketch

Main reservoir — Isolating cock — Door reservoir — Regulator location — Gangway end — Door supply isolating/vent cock — Cardan shaft — Double doors pressure regulator — Check valve — Door filter

Quality Check

Error Proof method

| Prepared By |
| Authorised By |
| Date |

Figura 2.14. Ejemplo de *takt time*

Fuente: Elaboración propia.

Así el *takt time* responde a ¿cada cuánto necesitan los clientes un producto? y el TIEMPO DE CICLO a ¿cada cuánto se fabrica un producto?

El tiempo de ciclo siempre será igual o menor al *takt time*:

- Será menor para poder absorber tiempos de cambio, sobredemandas, averías…

- Cuanto más cercano esté el tiempo de ciclo al *takt time*, mayor será el tiempo de valor añadido en la célula/etapa de producción.

$$TAKT\ TIME = TT = \frac{\text{Tiempo de producción / día}}{\text{Número de piezas pedidas / día}}$$

Tiempo de producción = tiempo de apertura-paradas programadas

Objetivo: Conseguir que el ritmo de producción sea igual al ritmo de consumo del cliente (TT).

Ejemplo de cálculo de *takt time*:

- La demanda del cliente es de 420 piezas por día.

- Cada día, un operario está presente durante ocho horas.

- Paradas: 5 minutos de TOP 5, 10 minutos mantenimiento preventivo, 30 minutos de pausa, 15 minutos para cambiar de útil.

- Tiempo de producción día: 7 h (25.200 seg).

- *Takt time* = 25.200 / 420 = 60 s/pieza.

2. *Line balancing* / equilibrado de línea y proceso (SLB)

Consiste en optimizar la eficacia del trabajo equilibrando el contenido del puesto de trabajo entre los operarios. El objetivo es utilizar la menor cantidad de mano de obra posible, manteniendo el camino crítico y asegurando la entrega a tiempo.

Los posibles beneficios son:

- Proporciona un objetivo claro de fin de turno.

- Proporciona el escenario óptimo validado con producción.

- Permite un seguimiento fácil del avance y destaca las oportunidades de mejora más importantes.

El equilibrado de líneas de producción se encargará de distribuir las tareas dentro de una cadena productiva y de definir la secuencia de los trabajos de manera que todos los puestos tengan el mismo tiempo de ciclo.

Gráficamente puede verse todo el proceso en las Figuras 2.15 a-e.

Figura 2.15a. Equilibrado de línea y proceso (SLB)

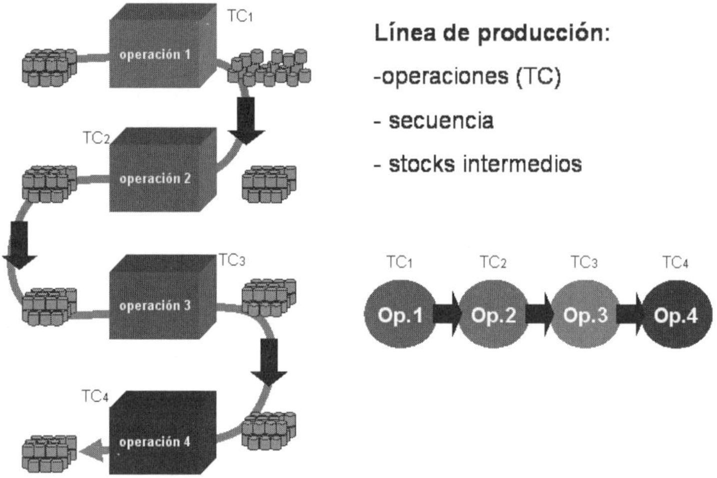

Línea de producción:
-operaciones (TC)
- secuencia
- stocks intermedios

Fuente: Julio Guerrero en Leanroots.com.

Figura 2.15b. Equilibrado de línea y proceso (SLB)

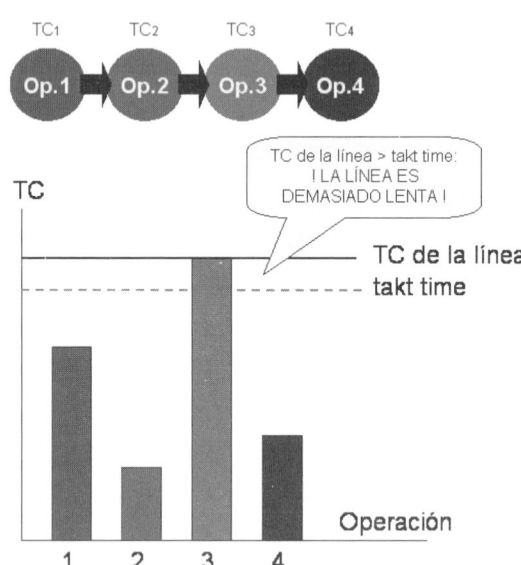

Fuente: Julio Guerrero en Leanroots.com.

Figura 2.15c. Equilibrado de línea y proceso (SLB)

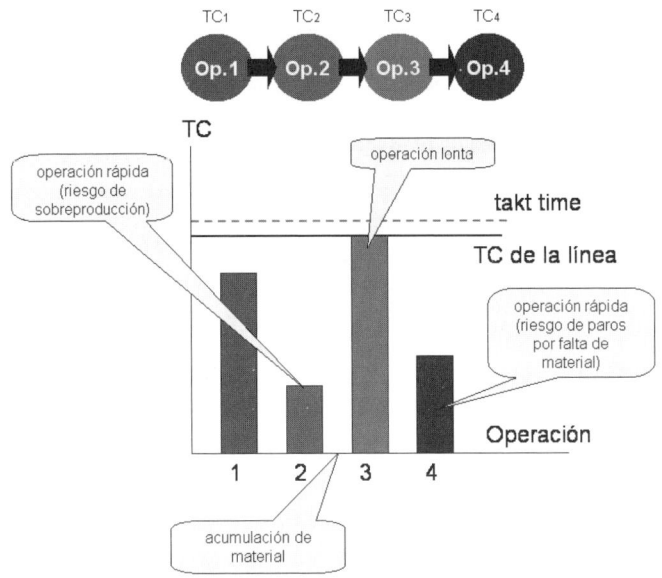

Fuente: Julio Guerrero en Leanroots.com.

Figura 2.15d. Equilibrado de línea y proceso (SLB)

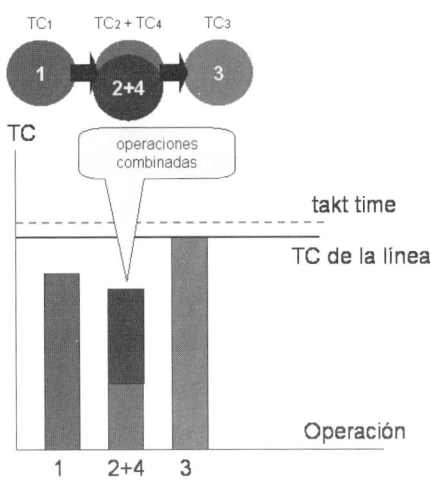

Fuente: Julio Guerrero en Leanroots.com.

Figura 2.15e. Equilibrado de línea y proceso (SLB)

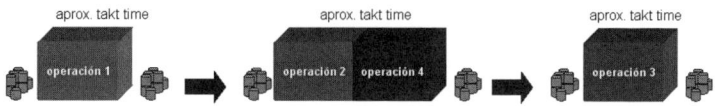

Línea de producción equilibrada:

-TC_1= TC_2 = TC_3 = TC_4 = takt time + seguridad

- secuencia adaptada (también el layout)

- stocks intermedios minimizados

Fuente: Julio Guerrero en Leanroots.com.

Un ejemplo del uso del *takt time* para el equilibrado de estaciones de trabajo es la línea *one piece,* donde se elabora producto a producto buscando el equilibrado de la cadena, que consiste en subdividir la cadena de producción en estaciones de trabajo cuya carga esté equilibrada y no sea mayor que el tiempo del ciclo para evitar los tiempos muertos. Deberemos definir el tamaño, la ubicación y el número de ellas. El proceso será el siguiente:

1. *Definir tareas e identificar precedencias*: Descomponer el trabajo en tareas que realicen el trabajo independientemente e identificar las tareas precedentes a una dada (aquellas que deben realizarse para que esta pueda comenzar: diagrama de precedencias).

2. *Cálculo del número mínimo de estaciones*: Habrá que calcular el tiempo de ciclo (c) de la línea, que es el tiempo máximo permitido a cada estación para procesar una unidad de producto, donde r es la producción deseada en un/h:

$$c(s/un) = \left(\frac{1}{r}\right)(h/un) \times 3600 \ (s/h)$$

- Todas las tareas deben asignarse a alguna estación.

- El equilibrio ideal es cuando la suma de los tiempos de ejecución de las tareas de cada estación coincide con el tiempo de ciclo.

- Calcular el número teórico mínimo de estaciones de trabajo (MT), que es:

$$MT = n = \frac{\sum t_i}{c} = \frac{\text{tiempo total para elaborar todas las tareas i}}{\text{tiempo de ciclo}}$$

- Si conseguimos que el número de estaciones que tengamos sea el MT, estaremos minimizando los tiempos ociosos t_o, maximizando la eficiencia E:

$$t_o = \text{tiempo ocioso} = \text{tiempo improductivo} = nc - \sum t_i$$

$$\text{Eficiencia} = E\,(\%) = \frac{\text{tiempo requerido}}{\text{tiempo empleado}} = \frac{\sum t_i}{nc} \times 100$$

3. *Asignación de tareas a las estaciones de trabajo*: Se seguirán las siguientes reglas:

   - La primera estación será la 1.
   - Las tareas incluidas en esta estación deberán cumplir:
     - No haber sido asignadas a ninguna estación.
     - Todas sus tareas precedentes han debido ser asignadas a esta o a alguna estación previa.
     - Sus tiempos de ejecución, t_i, no pueden exceder el tiempo ocioso de la estación.
   - Si no hay ninguna tarea que cumple esto, debemos ir a la estación siguiente.
   - Selección de tareas:
     - Regla 1: deben asignarse antes las que más tiempo de ejecución necesiten.
     - Regla 2: seleccionar tareas en un orden descendente, desde el mayor número de tareas que siguen (aquella que tenga mayor número de tareas siguientes).
   - Calcular el tiempo acumulado de todas las tareas asignadas a la estación hasta reducir al máximo el tiempo ocioso.
   - Crear nuevas estaciones si ya no podemos añadir más tareas a una.

Ejemplo

Una compañía está estableciendo una línea de ensamblaje con el propósito de producir 192 unidades en cada turno de ocho horas. La siguiente tabla muestra las tareas, los tiempos y los predecesores inmediatos.

Tarea	Tiempo de la tarea (en s)	Tareas inmediatamente anterior
A	40	-
B	80	A
C	30	D, E, F
D	25	B
E	20	B
F	15	B
G	120	A
H	145	G
I	130	H
J	115	C, I

Se pide:
a) Dibujar el diagrama de precedencias.
b) Calcular el tiempo de ciclo y el tiempo ocioso de la línea.
c) Calcular el número mínimo de estaciones y la eficiencia.
d) Equilibrar la cadena.

Solución

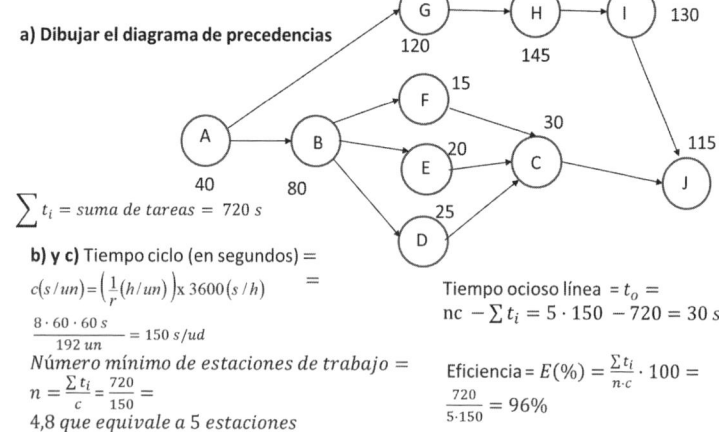

a) Dibujar el diagrama de precedencias

$\sum t_i = suma\ de\ tareas = 720\ s$

b) y c) Tiempo ciclo (en segundos) =

$c(s/un) = \left(\dfrac{1}{r}(h/un)\right) x\ 3600(s/h) \quad =$

$\dfrac{8 \cdot 60 \cdot 60\ s}{192\ un} = 150\ s/ud$

Número mínimo de estaciones de trabajo =

$n = \dfrac{\sum t_i}{c} = \dfrac{720}{150} =$

4,8 que equivale a 5 estaciones

Tiempo ocioso línea $= t_o =$
$nc - \sum t_i = 5 \cdot 150 - 720 = 30\ s$

Eficiencia $= E(\%) = \dfrac{\sum t_i}{n \cdot c} \cdot 100 =$
$\dfrac{720}{5 \cdot 150} = 96\%$

d) Equilibrar la cadena

Estación	Tareas posibles a asignar	Tiempos tareas	Tarea asignada	t_0 estación
1	A	40	A	150-40 = 110
	B	80	B	100-80 = 30
	D, E, F	25, 20, 15	D	30-25 = 5
2	E, F, G	20, 15, 120	G	150-120 = 30
	E, F	20,15	E	30-20 = 10
3	F, H	15, 145	H	150-145 = 5
4	F, I	15, 130	I	150-130 = 20
	F	15	F	20-15 = 5
5	C	30	C	150-30 = 120
	J	115	J	120-115 = 5

Tiempo ocioso de la línea = suma de los tiempos ociosos de cada estación: 5 + 10 + 5 + 5 + 5 = 30 s

Cada operario tiene un *planning* donde se reflejan las operaciones, los tiempos y un color indicativo, como puede verse en la Figura 2.16.

Figura 2.16. Planning de operario en SLB

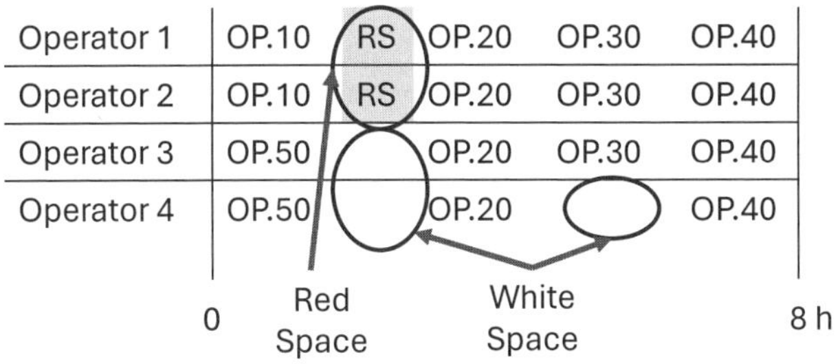

Fuente: Elaboración propia a partir de Airbus Operating System (AOS).

El espacio rojo o *red space* es tiempo adicional que no viene capturado en el tiempo asignado de serie. Es necesario completar la tarea y reflejar un asunto o problema recurrente asociado con una tarea para cada conjunto.

El espacio blanco o *white space* es tiempo sin contenido de trabajo para un operario. Esto puede deberse a restricciones técnicas o de la zona o porque no fue posible equilibrar la línea de forma más eficaz.

El camino crítico equilibrado es la ruta de operaciones que determina el tiempo del ciclo del equilibrado final e indica a los *managers* del taller que las operaciones de esa ruta deben ser tratadas con prioridad para evitar un impacto sobre la entrega a tiempo.

Se tendrán las siguientes directrices operativas en el proceso de equilibrado:

- El PERT (*planning* del proceso) se actualiza continuamente.

- Una línea de equilibrado o del *performance tracker* se establece para el seguimiento.

- Camino crítico del *performance tracker* de la estación de trabajo.

- Definición, prueba y validación del SLB por el GAP, incluyendo operarios.

- SLB actualizado sistemáticamente cuando se cambian el proceso o los tiempos.

- *Red space* (RS) y *white space* (WS) identificados para cada operario.

- Plan de acción establecido. Prioridad = camino crítico.

- Plan de habilitación para el lanzamiento del nuevo SLB al taller.

3. *Quick change over* o *set up time reduction* (SMED) (*single minute exchange of die*) / Cambio rápido de medios productivos

Metodología o conjunto de técnicas que persiguen la reducción de los tiempos de preparación de máquina o máquina parada. Se logra estudiando detalladamente el proceso e incorporando cambios radicales en la máquina, el utillaje, las herramientas e incluso el propio producto haciendo que disminuyan tiempos de preparación. Los objetivos son:

- Flexibilidad: Los tiempos reducidos de cambios permiten la fabricación de series cortas.

- Fabricación de mayor número de referencias en menor tiempo: Ajuste a la demanda.
- Menor tiempo de reacción ante cambios en planificación.

- Productividad: Menor coste de mano de obra en operaciones de cambio y mayor disponibilidad de maquinaria. Mayor producción utilizando menos recursos.

- Calidad: La fabricación de series menores reduce el coste de no calidad ante la detección de un defecto. La mejora en operaciones de ajuste reduce la dispersión en tolerancias.

- Capacidad: La reducción de tiempos de cambio aumenta la disponibilidad de máquina y por tanto la capacidad de producción.

Reduce:

- Tamaño de lotes.

- *Lead time.*

- Inventario.

- Espacio.

- Coste unitario por pieza.

Causas de los elevados tiempos de cambio:

- La terminación de la preparación es incierta.

- No se ha estandarizado el procedimiento de preparación.

- Utilización de equipos inadecuados.

- No haber aplicado la mejora a las actividades de preparación.

- Los materiales, las técnicas y las plantillas no están dispuestos antes del comienzo de las operaciones de preparación.

- Las actividades de acoplamiento y separación duran demasiado.

- Número de operaciones de ajuste elevado.

- Las actividades de preparación no han sido adecuadamente evaluadas.

- Variaciones en los tiempos de preparación de las máquinas.

- Podemos distinguir en el proceso a las operaciones internas de las externas, de manera que:

  - *Operación interna.* Son aquellas operaciones que es necesario realizar con la máquina parada, como por ejemplo operaciones de fijación del útil a la máquina y ajustes.

  - *Operación externa.* Son aquellas operaciones que se realizan o pueden realizarse con la máquina en marcha, como por ejemplo transporte de útiles y materiales, precalentamiento de molde o materiales (ver Tabla 2.2)

Tabla 2.2. Ejemplos de operaciones internas y externas en el SMED

SMED	SMED
OPERACIONES INTERNAS	OPERACIONES EXTERNAS
Ejemplos	Ejemplos
Orden y organización	Estudio movimientos
Limpieza y mantenimiento	Distribución en planta
Montaje	Logística y transporte
Materia prima e insumos	Movimientos
Instrumentos de medición	Procesos y mapas de valor
Herramientas	Procedimientos y normas
Arranque y pruebas	Capacidades
Preparación de máquinas	Entrenamiento
Lubricación y refrigeración	Planificación y supervisión

Fuente: Elaboración propia.

El tiempo que transcurre desde la fabricación del último producto de la referencia saliente hasta la del primer producto bueno de la referencia entrante será lo que se analice en la siguiente Figura 2.17 para intentar actuar sobre las operaciones internas y externas.

Figura 2.17. Fases de aplicación del método SMED.

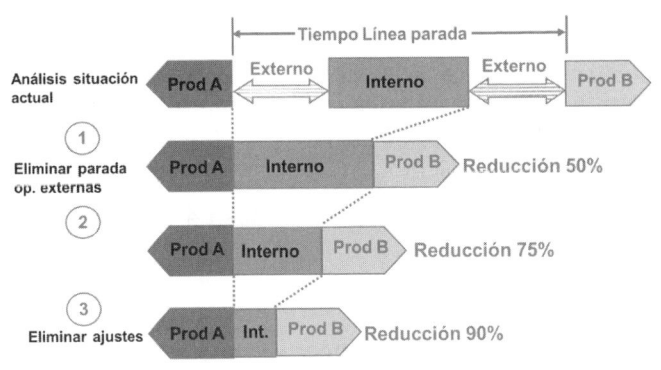

Fuente: Carlos Vivas Peris (Máster ESIC).

4. *Batch size reduction* / reducción tamaño de lote

El gran tamaño de lote empuja la producción provocando acumulación de inventario entre operaciones, contenido de trabajo desigual en todas las operaciones e incumplimiento de la demanda del cliente.

Los tamaños de lote reducidos ayudan a que la producción sea impulsada por la demanda del cliente, lo que lleva a tener inventario reducido, disminución del tiempo de entrega y mejor comunicación. Debe estar vinculado a otras herramientas Lean.

En muchas ocasiones fabricar por lotes o *batches* es inevitable, como en industrias alimentarias, farmacéuticas o bebidas, pero siempre se debe intentar producir lotes pequeños. La optimización de los sistemas *batch* es una oportunidad para abrazar la innovación y liderar el camino hacia una industria más inteligente, ágil y competitiva.

Para maximizar la eficiencia operativa en los procesos de producción por lotes *batch*, se pueden implementar diversas estrategias, como automatización avanzada, planificación y programación optimizadas, gestión de inventario, reducción de tiempos de cambio, mantenimiento predictivo, capacitación del personal y gestión de la calidad.

Dichas estrategias nos ayudarán a mejorar, como, por ejemplo: reducción del desperdicio general, ahorro de costes de producción, planificación de contingencias mejorada, mayor control y precisión, facilidad de configuración y programación, mayor capacidad para gestionar grandes trabajos repetidos, seguimiento y trazabilidad mejorados.

En conjunto, estos resultados contribuyen a una mayor eficiencia operativa, reducción de costes y mejora de la calidad en los procesos de producción por lotes *batch*, permitiendo a las empresas obtener una ventaja competitiva en sus respectivas industrias.

2.1.5. Persigue la perfección

1. Plan/Do/Check/Act (ciclo PDCA) - Planificar/Hacer/Revisar/ Actuar

El ciclo PDCA, también conocido como *círculo de Deming* (de Eduard Deming), es una estrategia de mejora continua de la calidad en cuatro pasos. También se denomina espiral de mejora continua.

Las siglas PDCA (PHVA) son el acrónimo de *plan*, *do*, *check*, *act* (planificar, hacer, verificar, actuar), ver Figura 2.18.

Figura 2.18. Ciclo PDCA / PHVA

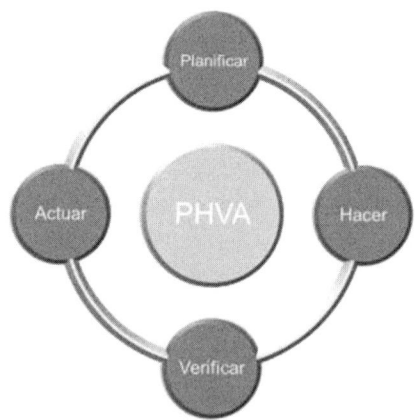

Fuente: Carlos García Coronel (*Manufactura esbelta, Guía de notas*).

- PLANEAR. Organización lógica del trabajo (qué, cómo y cuándo hacerlo):

- Identificación del problema y planificación.
- Observaciones y análisis.
- Establecimiento de objetivos que alcanzar.
- Establecimiento de indicadores de control.

- HACER. Correcta realización de las tareas planificadas:
  - Preparación sistemática de lo planeado.
  - Aplicación controlada del plan.
  - Verificación de la aplicación.

- VERIFICAR. Comprobación de los logros obtenidos:
  - Verificación de los resultados de las operaciones realizadas.
  - Comparación con los objetivos que se establecieron al inicio del ciclo en la planificación.
  - Pasado un periodo de tiempo previsto de antemano, volver a recopilar datos de control y analizarlos, comparándolos con los objetivos y especificaciones iniciales, para evaluar si se ha producido la mejora esperada.
  - Documentar las conclusiones.

- ACTUAR. Posibilidad de aprovechar y extender aprendizajes y experiencias adquiridas en otros casos:
  - Se proponen alternativas de mejora.
  - Se estandariza.
  - Se aplican las acciones correctivas y preventivas.
  - Se preparar el siguiente plan.

Es un marco que proporciona un enfoque metódico para la resolución de problemas y la mejora continua.

El proceso Lean no termina en la fase de implantación, sino que se analizarán y aplicarán continuamente todas las nuevas ideas y sugerencias de mejora que vayan surgiendo. Para ello los grupos de trabajo deben reunirse periódicamente, no solo para seguir las actividades inicialmente lanzadas, sino para lanzar otras nuevas.

Si se alcanza el primer objetivo marcado, marcar uno nuevo más exigente de forma que se comience el ciclo de trabajo de nuevo. Así puede desarrollarse este ciclo de mejora continua con las actividades que pueden verse en la Figura 2.19.

Figura 2.19. Ciclo de mejora continua con desarrollo de actividades

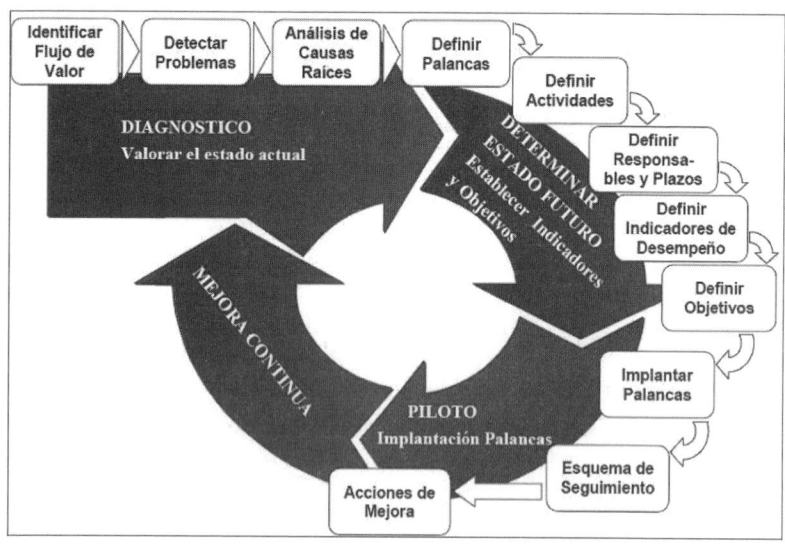

Fuente: Carlos García Coronel (*Manufactura esbelta, Guía de notas*).

2. Kaizen (mejora continua)

La estrategia de Kaizen es el concepto de más importancia en la administración japonesa. *Kaizen* significa «el mejoramiento en marcha que involucra a todos –alta administración, gerentes y trabajadores». Kaizen es asunto de todos. *Kaizen* es una palabra japonesa producto de dos vocablos: *Kai*, que significa «cambio» y *zen* que quiere decir «para mejorar», así que podemos decir que *Kaizen* quiere decir «cambio para mejorar» o «mejora continua». Kaizen significa mejoramiento continuo en la vida personal, familiar, social y de trabajo.

Kaizen genera el pensamiento orientado al proceso, ya que los procesos deben ser mejorados antes de que se obtengan resultados mejorados.

El Kaizen comienza reconociendo que cualquier compañía tiene problemas. Kaizen los soluciona estableciendo una cultura empresarial, en la cual todos pueden admitir libremente estos problemas. La función de la administración es hacer un esfuerzo constante para proporcionar mejores productos a precios más bajos. La estrategia de Kaizen ha producido un enfoque de sistemas y herramientas para la solución de problemas que puede aplicarse para la realización de este objetivo.

Cuando se aplica al lugar de trabajo, *Kaizen* significa un «mejoramiento continuo» que involucra a todos los niveles jerárquicos de la organización.

La implantación del Ciclo Kaizen se basa en las cuatro etapas del círculo de Deming (PDCA), ya visto anteriormente y que volvemos a reflejar en la Figura 2.20.

Figura 2.20. Ciclo Kaizen

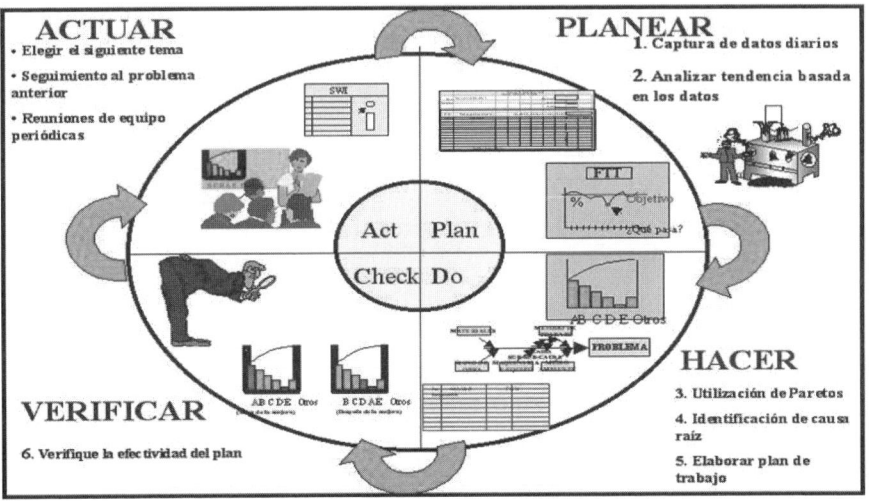

Fuente: Carlos García Coronel (*Manufactura esbelta, Guía de notas*).

A la hora de introducir la mejora Kaizen, el programa de implantación debe tener en cuenta los siguientes aspectos:

- Desarrollo de un compromiso con las metas de la empresa.

- Definición clara de metas y objetivos.

- Involucramiento y compromiso de las personas.

- Premios a los esfuerzos.

- Establecer incentivos para el personal. No necesariamente en dinero.

- Debe ser al equipo de trabajo completo.

- Reconocimiento al esfuerzo y mejoras.

- Trabajo en equipo.

- Establece metas claras a los equipos.

- Todos participan en el equipo y todas las ideas son bienvenidas.

- Liderazgo: el líder debe poner atención y considerar los problemas. Debe saber escuchar y transmitir actitudes e ideas positivas.

Los principios básicos a la hora de implantar el ciclo Kaizen son los siguientes:

- Eliminar la improvisación.

- Pensar en cómo hacerlo, no en por qué no puedo hacerlo.

- No dar excusas, comenzar a preguntarse porque ocurre tan frecuentemente.

- No buscar la perfección apresuradamente. Mejor hacer el 50% hoy que el 90% mañana.

- Poner metas cortas y posibles.

- Corregir inmediatamente cualquier error.

- Evitar las inversiones; usar los recursos existentes y el conocimiento.

- Las ideas de Kaizen son infinitas y muchas nacen en el camino.

3. *Design for manufacture, assembly and test* / Diseño para fabricación, montaje y pruebas (DFSS), Diseño para Seis Sigma

La metodología DFSS tiene como principal objetivo alcanzar un nivel de producción de Seis Sigma, optimizando el diseño del producto de acuerdo con los requerimientos del cliente y a través de las diversas fases de la metodología. Conseguir diseños robustos desde tempranas etapas del diseño es de gran importancia, puesto que en dichas fases los costes asociados a los cambios son mínimos comparados con el costoso proceso de modificar los componentes una vez que ya están en producción.

Las decisiones de diseño tomadas correctamente pueden ayudar a reducir tiempo y costes posteriores relacionados con rediseños, pago de garantías, servicio, modificación de moldes y almacenamiento de partes.

La búsqueda de un buen diseño ha llevado a las empresas a utilizar metodologías enfocadas en ello. Se invierte una gran cantidad de dinero en capacitar a los ingenieros del producto para que los métodos sean aplicados, pero apenas representa un pequeño porcentaje del gasto que se podría generar además del tiempo y esfuerzo utilizados si existiese un mal diseño y se detecta en etapas finales o en el lanzamiento del nuevo producto (ver Figura 2.21).

Una metodología similar a la DFSS es la conocida como la IDDOV (identificar, definir, desarrollar, optimizar y verificar), que es una de las variantes del DFSS. La metodología comprende un ciclo que empieza y termina con la voz del cliente. A través de sus cinco etapas se identifican y definen los requerimientos al igual que su alcance. En las etapas de desarrollo y optimización se persigue la creación de un diseño robusto y confiable; y finalmente se valida mediante pruebas de desempeño (ver Figura 2.22).

Figura 2.21. DFSS

Six Sigma «clásico» solo centra esfuerzos en esta etapa
1000
100
10
1
Costo relativo
DFSS centra esfuerzos en estas etapas
Investigación
Diseño
Desarrollo
Producción
ETAPA DEL PRODUCTO

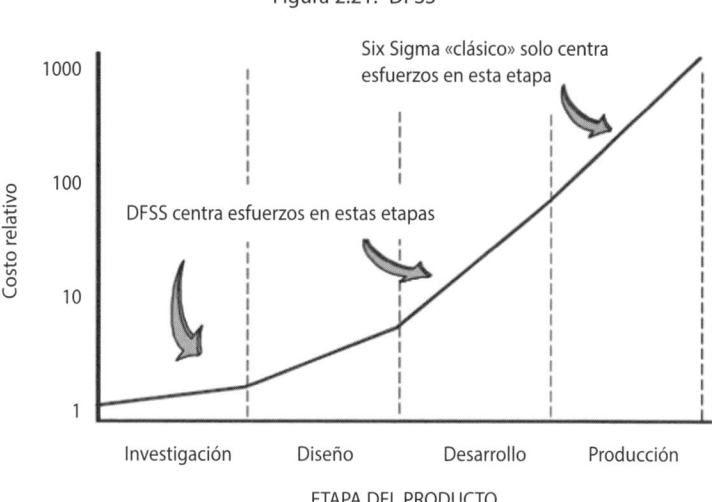

Fuente: Jane Marshall. (2011). Design For Six Sigma DFSS. 14 de febrero del 2017, de The University of Warwick.

Figura 2.22. Metodología IDDOV

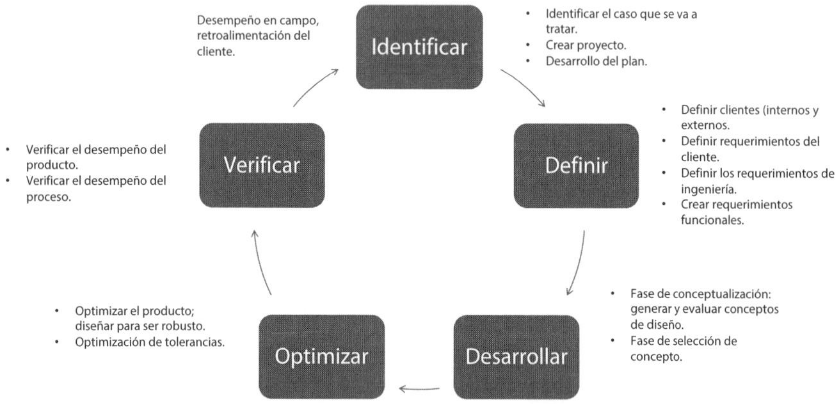

Desempeño en campo, retroalimentación del cliente.
Identificar
• Identificar el caso que se va a tratar.
• Crear proyecto.
• Desarrollo del plan.
• Verificar el desempeño del producto.
• Verificar el desempeño del proceso.
Verificar
Definir
• Definir clientes (internos y externos.
• Definir requerimientos del cliente.
• Definir los requerimientos de ingeniería.
• Crear requerimientos funcionales.
• Optimizar el producto; diseñar para ser robusto.
• Optimización de tolerancias.
Optimizar
Desarrollar
• Fase de conceptualización: generar y evaluar conceptos de diseño.
• Fase de selección de concepto.

Fuente: Elaboración propia.

4. *Practical problem solving* / Resolución práctica de problemas (PPS)

Un problema es una desviación de un resultado esperado. En entornos industriales puede ser una desviación de los estándares o del cumplimiento de una norma determinada. Para poder llevar a cabo la mejora continua, será necesario que los problemas afloren y se registren para el posterior tratamiento y búsqueda de su causa raíz; para su eliminación se utiliza esta herramienta. Hay que tener en cuenta:

- El PPS es:
  - Enfrentarse permanentemente a problemas de complejidad simple a media.
  - Un análisis de 30 min. máximo para PPS de nivel 1; un análisis de 1 hora máximo para PPS de nivel 2.
  - Trabajar en todos los aspectos SQCDP.
  - La implicación de todos los operarios y todos los niveles de dirección con integración total de las funciones de apoyo.
  - Una estrategia de la empresa para extender la plantilla y la metodología estándar.
  - Concentrarse en el origen de los problemas para tratar las causas raíz e implementar acciones acertadas para asegurarse de que nunca vuelven a reaparecer.

- El PPS no es:
  - Enfrentarse a problemas complejos (seis Sigma, herramienta de análisis estadístico).
  - Un análisis que dura varias semanas.
  - Tratar solo problemas de calidad.
  - Trabajar solo para las funciones de apoyo.
  - Una iniciativa específica de la planta.
  - Implementación de acciones a corto plazo centradas en los síntomas.

- ¿Qué es el PPS? La solución de problemas consiste en una aproximación estructurada para encontrar la causa raíz de cualquier incidente destacado durante la revisión del rendimiento y en la puesta en marcha de las medidas adecuadas para asegurarse de que no vuelven a ocurrir.

- ¿Por qué se realiza un PPS?

  - Para dirigir la mejora continua mediante la solución de las causas raíz de los problemas en lugar de poner parches rápidos.
  - Involucrar activamente a los equipos en los cambios de sus lugares de trabajo y de los sistemas con los que trabajan.

- ¿Cuáles son las características clave del PPS? Las herramientas utilizadas para solucionar problemas pueden adaptarse a cada problema, pero los pasos principales siempre son:

  - Definir el problema.
  - Entender la causa raíz.
  - Definir y asignar acciones para solucionar el problema.
  - Evaluar los resultados y estandarizar las soluciones si el problema se ha resuelto.

Se centra en entender la fuente de los problemas, no solo los síntomas.

Es mejor trabajar en equipos reducidos para que puedan extraer ideas unos de otros. Ver el proceso general en la Figura 2.23.

Figura 2.23. Etapas del PPS

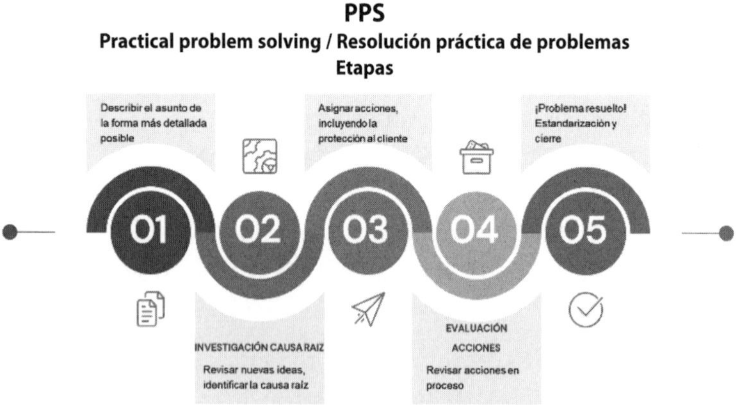

PPS
Practical problem solving / Resolución práctica de problemas
Etapas

Describir el asunto de la forma más detallada posible

Asignar acciones, incluyendo la protección al cliente

¡Problema resuelto! Estandarización y cierre

01 02 03 04 05

INVESTIGACIÓN CAUSA RAIZ
Revisar nuevas ideas, identificar la causa raíz

EVALUACIÓN ACCIONES
Revisar acciones en proceso

Fuente: Elaboración propia a partir de Airbus Operating System (AOS).

Una herramienta estándar requerida en la norma EN 9136 para el PPS es la conocida como las 9S (9 *steps* / 9 pasos), que viene definida como un análisis estructurado para producir evidencias de:

- Análisis de la causa raíz.
- Selección y planificación de la acción correctora.
- Resolución del problema efectiva y sosteniblemente.

Los 9 pasos consisten en:

- S1: Establecimiento inmediato de una acción de contención.
- S2: Construir el equipo.
- S3: Definir el problema.
- S4: Completar y optimizar la acción de contención.
- S5: Identificar la causa raíz.
- S6: Definir y seleccionar acciones correctivas permanentes.
- S7: Implementar las acciones correctivas permanentes y comprobar su efectividad.
- S8: Estandarizar y transferir el conocimiento como parte de la cultura de la empresa.
- S9: Reconocimiento y cierre del equipo.

Para investigar la causa raíz (fundamental en la solución permanente de los problemas), existen dos herramientas muy sencillas y utilizadas como son:

- 5 *Why* (5 *Por qué*). Método basado en realizar preguntas para explorar las relaciones causa-efecto que generan un problema en particular, ver Figura 2.24.

Puede verse un ejemplo en la siguiente Figura 2.25:

- *Diagrama causa-efecto o espina de pescado o de Ishikawa.* Es una representación gráfica que pretende mostrar la relación causal e hipotética de los factores que pueden contribuir a identificar un fenómeno determinado o las posibles causas de problemas que producen un efecto definido.

Figura 2.24. Esquema de los 5W + 2H

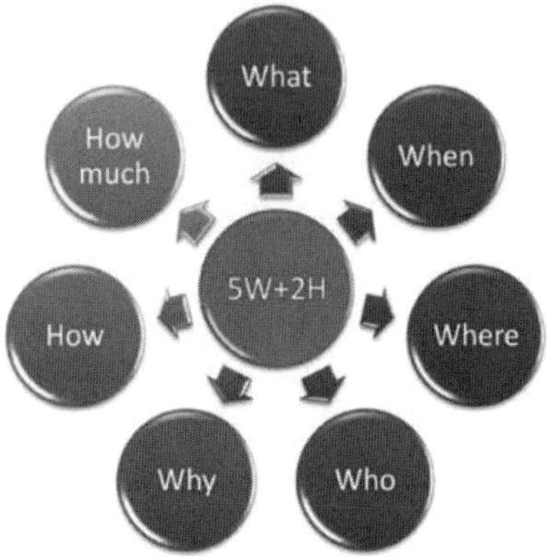
What
When
Where
Who
Why
How
How much
5W+2H

Fuente: Carlos Vivas Peris (Máster ESIC).

Figura 2.25. Ejemplo de *5 Why* (5 Por qué)

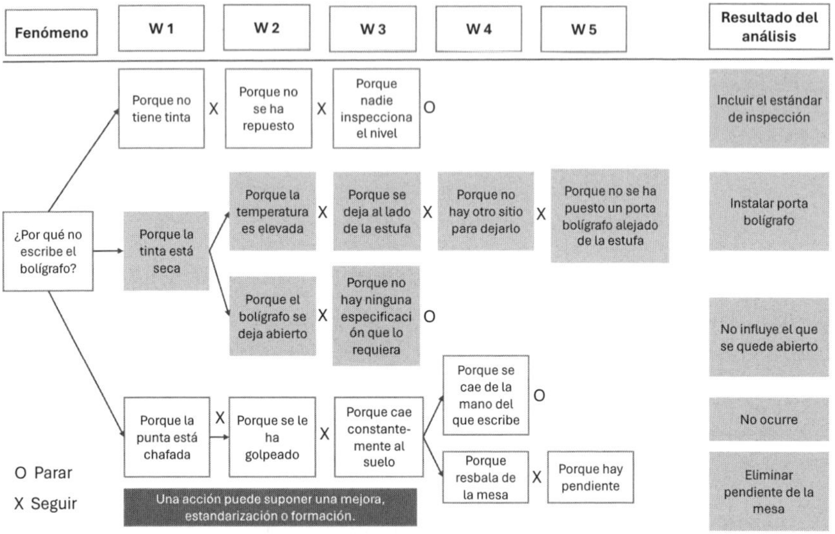
Fenómeno
W 1
W 2
W 3
W 4
W 5
Resultado del análisis
¿Por qué no escribe el bolígrafo?
Porque no tiene tinta
X
Porque no se ha repuesto
X
Porque nadie inspecciona el nivel
O
Incluir el estándar de inspección
Porque la tinta está seca
Porque la temperatura es elevada
X
Porque se deja al lado de la estufa
X
Porque no hay otro sitio para dejarlo
X
Porque no se ha puesto un porta bolígrafo alejado de la estufa
Instalar porta bolígrafo
Porque el bolígrafo se deja abierto
X
Porque no hay ninguna especificaci ón que lo requiera
O
No influye el que se quede abierto
Porque la punta está chafada
X
Porque se le ha golpeado
X
Porque cae constante- mente al suelo
Porque se cae de la mano del que escribe
O
No ocurre
Porque resbala de la mesa
X
Porque hay pendiente
Eliminar pendiente de la mesa
O Parar
X Seguir
Una acción puede suponer una mejora, estandarización o formación.

Fuente: Carlos Vivas Peris (Máster ESIC).

La secuencia consiste en:

1. Preguntarnos sobre el efecto que se va a analizar ¿quién?, ¿cómo?, ¿cuándo?, ¿dónde?, ¿cuánto?

2. Subdividir las respuestas (causas) en familias.

3. Representar efecto mediante flecha horizontal, cada familia mediante flecha vertical/inclinada y cada causa/subcausa en la familia que lo represente.

Ver ejemplo en la Figura 2.26.

Figura 2.26. Diagrama causa-efecto o espina de pescado o de Ishikawa

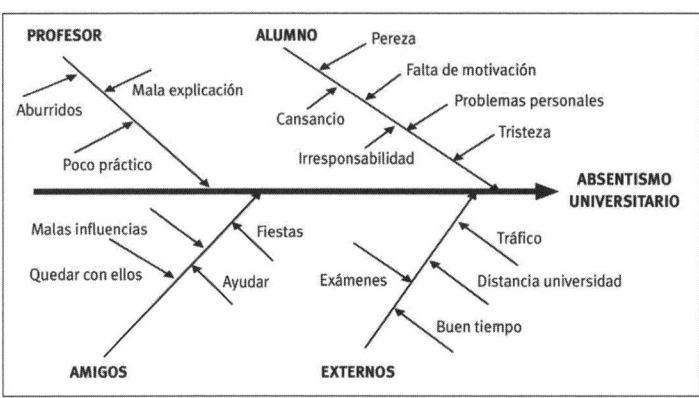

Fuente: Ignacio Soret, M.ª Mercedes de Obesso; *Gestión de la calidad.*

Test de autoevaluación 5

5.1. Identificar cada una de las acciones a un principio Lean
Principios LEAN
A) Valor desde el punto de vista del cliente.
B) Identifica tu corriente de valor.
C) Persigue la perfección.

Acciones:
a) Mapa de flujo de valor.
b) Estrategia de mejora continua de la calidad en cuatro pasos.
c) Visión objetiva de qué es lo que buscan los usuarios en un producto y de los requisitos que debe tener.
d) Realizar encuestas a los clientes.
e) Diagrama de flujo de las actividades de reparación de un móvil.
f) Aproximación estructurada para encontrar la causa raíz de cualquier incidente destacado.

5.2. Identificar cada una de las acciones a un principio Lean
Principios LEAN
A) Crea flujo de valor.
B) Producir según *PULL* (tirar) no *PUSH* (empujar).
Acciones:
a) *Housekeeping*.
b) Línea *one piece*.
c) Reducción de los tiempos de preparación de máquina o máquina parada.
d) Métodos para asegurar el correcto uso de los medios identificados en el proceso y de presentar la información en idénticos formatos.
e) Información donde se combinan datos de las personas, materiales, métodos y máquinas para elaborar las diferentes tareas que lleva la fabricación de un producto o entrega de un servicio.
f) Tiempo de ciclo.

5.3. Identificar cada una de las acciones a un principio Lean
Principios LEAN
A) *Critical to Quality* (CTQ).
B) Características clave (KC).
C) Mapa de flujo de valor (VSM).
Acciones:
a) Variables cuyos atributos tienen el mayor impacto en los CTQ.
b) Visión clara y alineada sobre el flujo actual.
c) Variables del proceso que inciden directamente en la calidad del producto/servicio.
d) Casa de la calidad.
e) Traducción de las necesidades de los clientes en requisitos cuantificados para nuestro producto/servicio.
f) Información de partida para mejorar el *lead time* y los cuellos de botella entre otros.

5.4. Identificar cada una de las acciones a un principio Lean
Principios LEAN
A) Siete desperdicios.
B) 5S.
C) *Takt time* / Tiempo de ciclo.
Acciones:
a) Sincronización de las etapas de producción.
b) Desplazamientos a impresoras.
c) Eliminación elementos innecesarios en el puesto de trabajo.
d) Reducción de herramientas perdidas.
e) Ritmo de producción requerido por el cliente.
f) Inspecciones.

5.5. Identificar cada una de las acciones a un principio Lean
Principios LEAN
A) Diseño para fabricación, montaje y pruebas (DFSS), diseño para Seis Sigma.
B) Ciclo PDCA.
C) Equilibrado de línea y proceso.

Acciones:
a) Calcular el número teórico mínimo de estaciones de trabajo.
b) Base de la mejora continua en calidad.
c) Enfoque metódico para la resolución de problemas y la mejora continua.
d) Ciclo IDDOV (identificar, definir, desarrollar, optimizar y verificar).
e) Cuanto antes se detecten los errores, menor coste y tiempo se utilizarán en resolverlo.
f) Todas las estaciones tengan el mismo tiempo de ciclo.

5.6. Identifica respuestas correctas (puede haber varias) relacionadas con las herramientas Lean:
a) Los 5 por qué y la espina de pescado nos ayudan a encontrar la causa raíz en los problemas.
b) Encontrar un error en la etapa de fabricación de un producto reduce el impacto en el coste del lanzamiento de dicho producto.
c) Los tamaños de lote amplios ayudan a que la producción sea impulsada por la demanda del cliente.
d) El proceso Kaizen está ligado al ciclo de mejora continua PDCA.

5.7. Identifica respuestas correctas (puede haber varias) relacionadas con las herramientas Lean:
a) Para equilibrar una línea de producción, las tareas pueden asignarse a estaciones distintas.
b) Cada proceso productivo puede realizarse de distinta forma y con la información que se estime necesaria.
c) El camino crítico equilibrado es la ruta de operaciones que determina el tiempo del ciclo del equilibrado final e indica a los *managers* del taller que las operaciones de esa ruta deben ser tratadas con prioridad para evitar un impacto sobre la entrega a tiempo.
d) El cambio rápido de medios productivos (SMED) ayuda a tener flexibilidad y productividad.

2.2. OTRAS HERRAMIENTAS LEAN

A continuación, veremos otras herramientas Lean muy utilizadas en alguna de las fases de su aplicación y desarrollo, que son más transversales, sin estar ligadas directamente a alguno de los principios básicos.

2.2.1. Hoshin-Kanri

Hoshin-Kanri es un método de gestión Lean esencial para garantizar que la estrategia de una empresa sea ejecutada a través de toda la jerarquía. Conecta los objetivos generales de la empresa con el trabajo diario de los colaboradores individuales. En japonés, la palabra *hoshin* significa «política» o «dirección» y la palabra *kanri* significa «gestión». La sistemática de esta herramienta es:

• Traslada la visión de la compañía para 3 a 5 años a la organización.

- Define las prioridades *top level*, los objetivos para mejorar mediante *smart* KPI y con un modelo de recursos que soporte esos objetivos anuales.

- Alinea y transmite dichos objetivos anuales a la organización.

- Requiere un plan táctico de implementación para soportar esas prioridades *top level*.

- Permite obtener ventajas competitivas sostenidas a través del SQCDP.

- Finalmente, todos los empleados están alineados con la visión de la compañía y sus objetivos anuales.

Esta matriz forma parte de la metodología de los siete pasos reflejada en la Figura 2.27.

La matriz tiene una forma como la reflejada en la Figura 2.28.

La metodología de rellenar dicha matriz es:

1. Añadir los objetivos a largo plazo identificados por la empresa para los próximos 3 a 5 años, que servirá como base para el resto (objetivos a largo plazo).

2. Para el año elegido de dichos 3 a 5, identificar los objetivos *top* que cumplir (objetivos anuales).

3. Identificar aquellas actividades necesarias y sus prioridades para cumplir los anteriores objetivos y su plan de acción (prioridades y actividades).

Figura 2.27. Metodología de los 7 pasos

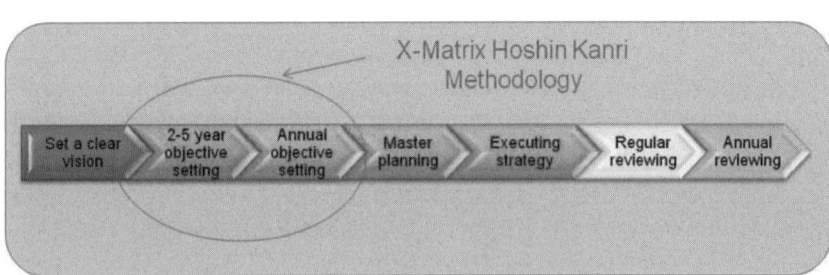

Fuente: Elaboración propia a partir de Airbus Operating System (AOS).

Figura 2.28. Matriz de planificación Hoshin-Kanri

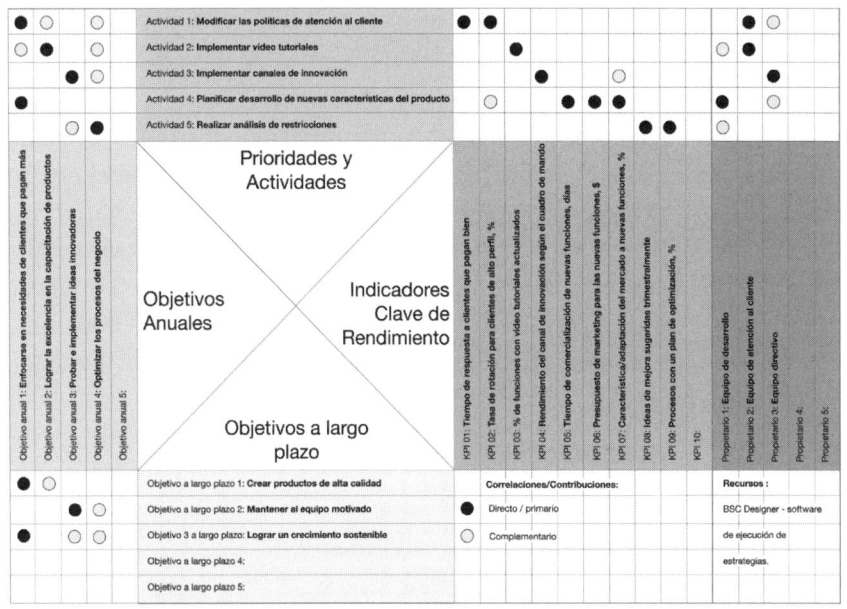

Hoshin Kanri vs. Balanced Scorecard | www.bscdesigner.com/es

Fuente: bscdesigner.com

4. Reflejar los KPI de seguimiento de las actividades (indicadores clave de rendimiento).

5. Indicar el personal encargado de llevar a cabo cada una de las acciones previstas anteriormente siguiendo un código RASCI (R: *responsible*; A: *accountable*; S: *support*; C: *contribute*; I: *informed*).

La gestión visual del Hoshin-Kenri es seguida a través de los paneles del SQCDP.

2.2.2. Diagrama de Spaghetti

En relación con la distribución de todas las áreas de trabajo en la planta, es muy importante la localización correcta para evitar desperdicios relacionados con los movimientos y actividades entre las secciones. Para ello nos podemos ayudar de una herramienta muy sencilla de usar.

Optimizar en el *layout* o descripción de la planta de trabajo es detectar dónde perdemos tiempo o realizamos desplazamientos con el fin de optimizar esas mudas; los desplazamientos son necesarios, pero se pueden optimizar.

El diagrama de Spaghetti es la representación del flujo físico de materias, personas e información en el espacio y momento en el que se ejecuta el proceso que se va a estudiar. Sobre un plano se ilustran todos los movimientos que se producen. Permite eliminar los movimientos innecesarios y cambiar la configuración del contexto para recortar las distancias recorridas, mejorar los tiempos de respuesta, reducir los riesgos de accidente o mejorar el aprovisionamiento, entre otras medidas. Ver ejemplo en la Figura 2.29.

2.2.3. Gemba Go-Look-See

Gemba es una palabra japonesa que significa «el verdadero lugar», donde las actividades se desarrollan y se crea valor.

Por otro lado, Go-Look-See es un proceso por el que los responsables comparten activamente con sus equipos los productos y procesos de los cuales son responsables (ver Figura 2.30).

Figura 2.29. Ejemplo de diagrama de Spaghetti

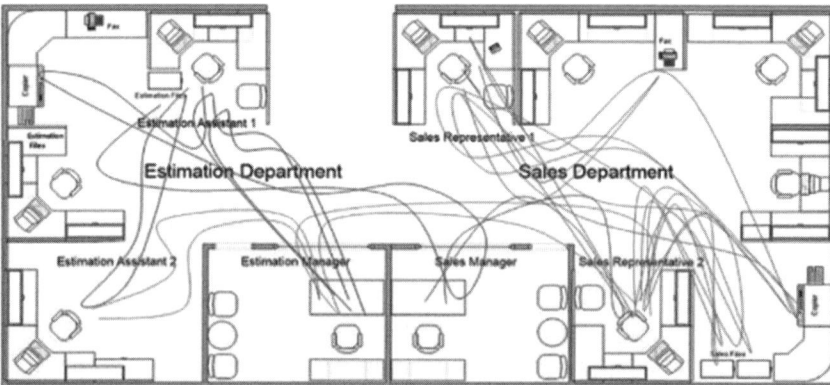

Fuente: Elaboración propia a partir de miro.com.

Figura 2.30. Gemba Walk / Go-Look-See

Fuente: Elaboración propia a partir de Airbus Operating System (AOS).

Es aplicable a todo el mundo y a cualquier nivel de la organización; es una herramienta Lean utilizada muchas veces para ver de primera mano los problemas o situaciones que ocurren y es a la vez creación, adquisición y compartición de conocimiento como también una forma de ayudar a la organización que crea valor:

- GEMBA GO-LOOK-SEE es:
  - La forma más cercana de estar al lado de los productos y procesos.
  - Experimentar los problemas de primera mano con datos reales.
  - Eliminar pasos intermedios y burocracia.
  - Escuchar activamente a los implicados para conducir al mejor resultado.
  - Entrenar y ayudar a la resolución de problemas.
  - Establecer un buen ejemplo de comportamiento e involucración en los problemas.

- GEMBA GO-LOOK-SEE no es:
  - Solo hacerse visible a los equipos.
  - La oportunidad de discutir cualquier cosa que se te ocurra.
  - El momento para hablar y dar instrucciones.
  - El momento para delegar más acciones.
  - Esconderse en salas de reuniones.
  - Disciplinar.
  - Culpar personalmente.

- Objetivos GEMBA GO-LOOK-SEE:

    - Tener información directa y de primera mano.
    - Mejor entendimiento de la situación con la foto real y evitar malinterpretaciones.
    - Crear relaciones con todo el equipo.
    - Aprender aquello que no puede hacerse en el despacho o en remoto.
    - Aportar tu punto de vista a la resolución de problemas y la mejora continua.
    - Fomentar la participación de todo el equipo actuando directamente.
    - Empoderar al equipo para su propia mejora.
    - Reconocer lo hecho por el equipo.

- Comportamiento GEMBA GO-LOOK-SEE. Ve a la fuente, observa y entiende profundamente la actual situación por ti mismo:

    - Antes. Piensa en lo que hacer. Prepárate. Utiliza una plantilla:

        - Dónde están los problemas, donde está la acción.
        - Si no existe un problema previo, busca los lugares de mayor valor en el proceso.
        - Ve con la intención de buscar lo que necesita ser entendido.
        - Integra taller con oficinas según sea necesario.

    - Durante. Hazlo:

        - Sé puntual, apaga tu móvil, estate atento todo el rato.
        - Escucha un 70%, habla un 30%, ve a aprender y ten cuidado con las personas.
        - Guía en la resolución de problemas, la toma de decisiones y las acciones de seguimiento.
        - Proporciona tu *feedback*.

    - Después. Aprende y entrega:

        - ¿Qué debo hacer para apoyar, ayudar y sugerir en la mejora?
        - ¿Qué debo tener en cuenta como responsable para usarlo en mi trabajo?

2.2.4. *Overall equipment effectiveness* / Mejora del rendimiento de máquinas (OEE)

El OEE (*overall equipment effectiveness* / eficiencia global del equipo) es el indicador de la disponibilidad, el rendimiento y la calidad de nuestras máquinas.

Mediante el OEE comparamos lo que podríamos hacer si nuestra máquina funcionara perfectamente contra que lo hacemos realmente.

La máquina ideal funcionaría siempre que hiciese falta, sin esperas ni averías, a velocidad máxima sin microparadas, sin problemas de calidad ni retrabajos. Dado que esta máquina ideal no existe, debemos identificar las pérdidas con ayuda de la herramienta OEE.

¿Cómo se calcula el OEE y sus causas de pérdida? El OEE se calcula mediante la multiplicación de los tres factores siguientes (ver Figura 2.31):

- DISPONIBILIDAD:
  - Porcentaje de tiempo en el que la máquina está funcionando respecto al tiempo total disponible (teniendo en cuenta los paros mayores de cinco minutos).
  - Este factor responde a la pregunta: ¿está funcionando la máquina?

- RENDIMIENTO:
  - Porcentaje de producción realizada respecto a la producción que se podría haber realizado en el tiempo que ha estado funcionando la máquina en el tiempo contemplado en la disponibilidad.
  - Este factor responde a la pregunta: ¿está la máquina funcionando a su velocidad máxima?

- CALIDAD:
  - Porcentaje de piezas buenas realizadas respecto a la producción total.
  - Este factor responde a la pregunta: ¿está la máquina fabricando productos buenos?

Figura 2.31. Cálculo del OEE

OEE: Indicador que describe la disponibilidad, el rendimiento y la calidad de la máquina:

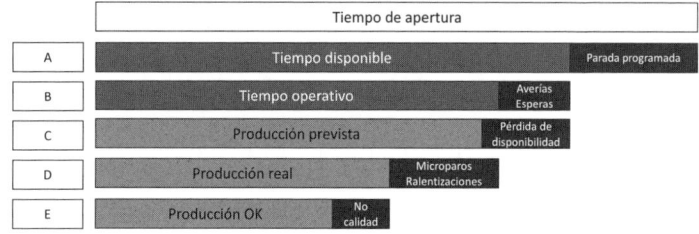

FÓRMULA
OEE = [(B/A) x (D/C) x (E/D)] x 100

Fuente: Elaboración propia a partir de Airbus Operating System (AOS).

El OEE es un indicador importante de clasificación de las empresas de clase mundial, como puede verse en las Figuras 2.32 y 2.33.

Figura 2.32. OEE en la clasificación de empresas de clase mundial

OEE		CONSECUENCIAS
< 65 %		La empresa tiene importantes pérdidas económicas. Competitividad muy comprometida.
≥65%	< 75%	Aceptable bajo un proceso de mejora. Pérdidas económicas. Competitividad comprometida.
≥75%	< 85%	Proceso de mejora para alcanzar el 95% y llegar a clase mundial. Ligeras pérdidas económicas. Competitividad mejorable.
≥85%	< 95%	Entrada en clase mundial. Competitividad buena.
	≥95%	Clase mundial. Competitividad excelente.

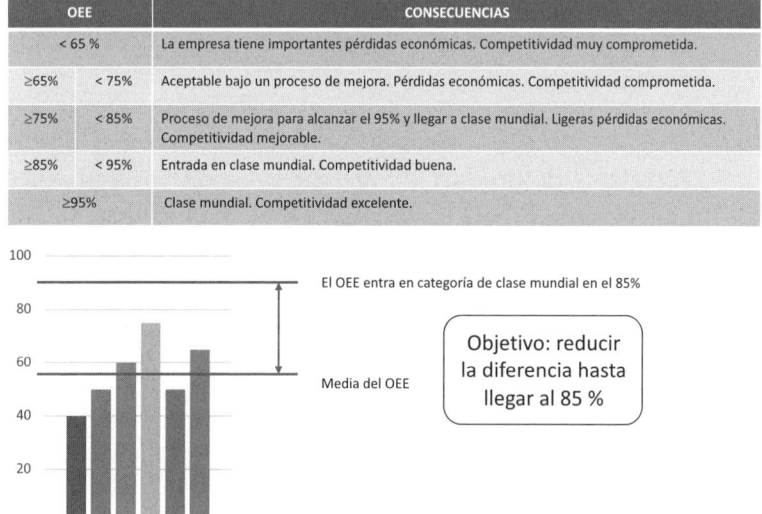

Fuente: Elaboración propia a partir de Airbus Operating System (AOS).

Ejemplo:

Figura 2.33. Ejemplo cálculo OEE

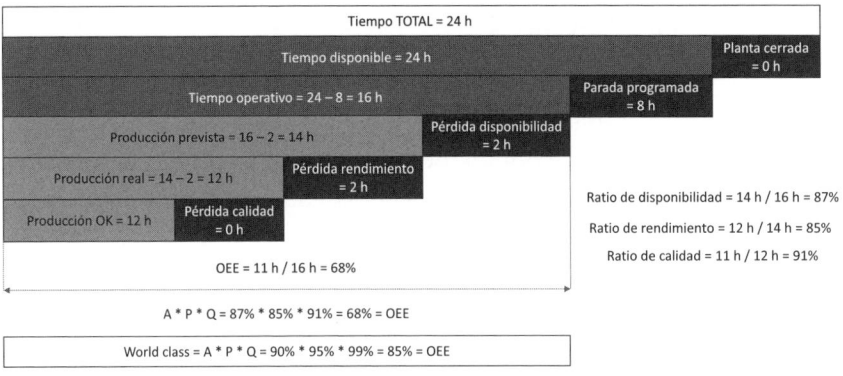

Fuente: Elaboración propia a partir de Airbus Operating System (AOS).

El objetivo del estudio del Non-OEE es identificar fuentes de desperdicio y pérdidas por ineficiencia del proceso, o pérdidas de proceso que reducen disponibilidad (*availability*), rendimiento (*performance*), calidad (*quality*) y parada planificada (*planned stop*). De esta forma podemos tomar acciones correctivas para mejorar el proceso (ver Figura 2.34).

Figura 2.34. Factores del Non OEE

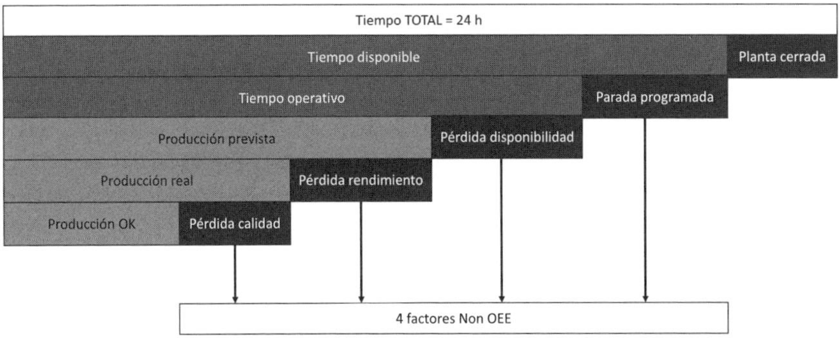

Fuente: Elaboración propia a partir de Airbus Operating System (AOS).

Los beneficios del Non OEE son:

- Aumentar el rendimiento utilizando los recursos existentes para satisfacer la demanda del cliente.

- Aumentar los márgenes de ventas sobre el producto reduciendo el coste de producción.

- Aumentar la producción sin equipo adicional.

- Permitir mayor flexibilidad en los procesos de producción existentes para ganar nuevos negocios (por ejemplo, tamaños de lotes más pequeños – flujo de una pieza).

- Promover una cultura sostenible sólida con nuestra gente focalizada en la mejora del rendimiento de producción.

Muchas veces, además del indicador OEE, se presenta también el TEEP: el primero es contando con los días prefijados de calendario con su horario y el segundo con todo el calendario (24 horas, 365 días al año).

2.2.5. *Total productive maintenance* / Mantenimiento productivo total (TPM)

TPM es un proceso de mantenimiento preventivo que utiliza métodos, herramientas y técnicas Lean (5S, gestión visual, PPS) para optimizar el funcionamiento y la eficacia de las instalaciones y máquinas:

- Mantenimiento: Tener las máquinas en perfecto estado para trabajar.

- Productivo: Eficiencia de las acciones de mantenimiento y su mejora continua.

- Total: Con intervención de todo el personal.

- Beneficios:
  - Reducir las averías de máquina y las paradas menores.
  - Reducir los despilfarros y los defectos de calidad.
  - Vincular y aclarar objetivos entre mantenimiento y producción.

- Directrices operativas. Para seleccionar las máquinas sobre las que usar TPM, utilizar los criterios PQME (*production* –producción–, *quality* –calidad–, *maintenance* –mantenimiento–, *environment* / *safety* –medio ambiente/seguridad–) suministrados por su centro de servicio.

Se instalan paneles TPM que muestran la planificación del mantenimiento autónomo y preventivo. Se demuestra el cumplimiento total de la planificación. Se utilizan marcadores de etiquetas para los problemas técnicos.

Se realiza una revista semanal de los marcadores de las acciones, del plan de acciones y de los KPI con el GAP, incluyendo a los representantes de seguridad.

Se analiza el Pareto de fallos (con incidencia) y OEE o se monitoriza la disponibilidad técnica.

Se calculan los beneficios de la implementación del TPM.

Se establece y se valida un SLA (*service level agreement* / contrato de nivel de servicio) entre la producción y el mantenimiento incluyendo: cobertura de configuración de turno, definición de perímetro clara, tiempo de reactividad, objetivos de disponibilidad técnica y verificaciones de mantenimiento normativas relativas a la seguridad.

- Rutinas de usuarios clave:
  - DIARIAMENTE
    - Panel de valores TPM.
    - El operario sube marcadores en caso de mejora o de problemas.
    - Realizar controles de seguridad.
    - Actores clave: operarios.
  - SEMANALMENTE
    - Comprobar el Non-OEE.
    - Comprobar el resultado de los marcadores y tomar acciones.

- Comprobar el cumplimiento de las SOI (instrucciones especiales de proceso).
- Comprobar el objetivo de consumo.
- Tomar acciones relativas a HSE.
- Actores clave: operarios, mantenimiento, jefe de línea, funciones soporte (*Quality*, ME…), *team leader*.

– MENSUALMENTE

- El GAP asegura la buena identificación de los problemas.
- El GAP asegura la buena identificación de los problemas HSE (seguridad e higiene).
- Actores clave: mantenimiento, jefe de línea, manager GAP, funciones soporte (*Quality*, ME…), *team leader*, operarios, representante medio ambiente y representante seguridad.

- Tipos de mantenimiento que usualmente se establecen:

  – MANTENIMIENTO CORRECTIVO. Mantenimiento arregla la máquina cuando se estropea.
  – MANTENIMIENTO PREVENTIVO. Conjunto de acciones realizadas sobre la máquina con el fin de evitar averías. Mantenimiento preventivo planificado o periódico y mantenimiento preventivo modificativo o de mejora.
  – MANTENIMIENTO PREDICTIVO. Conjunto de acciones preventivas que aseguran la no avería de la máquina.
  – MANTENIMIENTO TEMPRANO. Definido en la fase de diseño con todas las herramientas necesarias ya desarrolladas en la máquina para su realización.

- Podemos utilizar los siguientes indicadores TPM. Existen dos indicadores básicos que orientan el camino TPM hacia las 0 averías:

  – Indicador de FIABILIDAD:

    - MTBF: Tiempo medio entre fallos (*mean time between failures*). Duración promedio del periodo de funcionamiento continuo sin paradas no programadas (superiores a cinco minutos) o MTBF = Tiempo total de producción / Número de averías.

– Indicador de mantenibilidad:

  - MTTR: Tiempo medio de reparación (*Mean time to repair*). Tiempo promedio de la avería (parada no programada). MTTR = Tiempo total de avería / Número de averías.

Ejemplo de responsabilidades en el mantenimiento en la Figura 2.35.

Figura 2.35. Responsabilidades en el mantenimiento

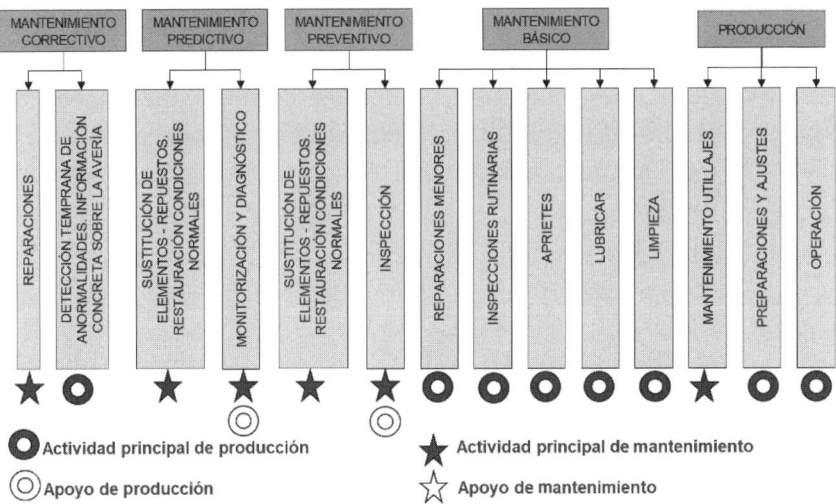

Fuente: Elaboración propia a partir de Airbus Operating System (AOS).

2.2.6. Polivalencia/policompetencia (poli/poli)

- Anticipar y gestionar las competencias operativas dentro del equipo, según las necesidades de la actividad, para mejorar la capacidad de respuesta ante cambios y perturbaciones (p. ej., absentismo, no calidad, cambio de producto, aumento del ritmo de producción o disminución del ritmo de producción) y apoyar una asignación de mano de obra óptima.

- Beneficios:

  - Asignación óptima del trabajo durante el turno según las competencias disponibles.

  - Para anticipar la falta o pérdida de competencias (cambio de producto, aumento del ritmo de producción, disminución del ritmo de producción).

  - Mejorar la capacidad de respuesta en caso de perturbaciones.

  - Aumentar el compromiso.

  - Los operarios pueden actuar, influenciar seguir su propio desarrollo, con el apoyo de sus jefes de línea.

- Directrices operativas:

  - Matriz de competencia alineada con las operaciones de equilibrado de línea estándar (SLB) y los roles clave (p. ej., 5S). La matriz muestra los requerimientos en competencias operativas, las exigencias de autorizaciones de calidad (QA), las competencias de los operarios actuales y el GAP de competencias (necesidades en comparación con las competencias actuales). Validación de cambio de nivel del cuadrado mágico y policompetencia a través de una sesión individual utilizando una lista de chequeo o pasaporte del operario (*operator passport*).

  - Plan de desarrollo de los operarios según el GAP (faltas) identificado.

  - El plan de desarrollo avanza de forma oportuna.

  - Cada operario conoce sus autorizaciones de calidad y de trabajo, el estado de las formaciones y del plan de desarrollo mediante su pasaporte

  - Validación de cambio de nivel del cuadrado mágico y policompetencia a través de una sesión individual utilizando una lista de chequeo o pasaporte del operario (*operator passport*).

Ejemplos de matriz de competencias que ayudan al poli/poli en la Figura 2.36.

- Reunión de equipo (mensual): Anticipar las policompetencias futuras y las necesidades de formaciones. Repasar el estado de los planes de formación.

- Plan de formación (anual): Definir un plan de formación por operario según la matriz poli/poli.

- Seguimiento del plan de formación y del estado de certificación (mensual). El operario comprueba el estado de las certificaciones y de la formación incluso en el pasaporte personal. Se deriva al jefe de línea en caso de problemas.

Figura 2.36. Matriz de competencias

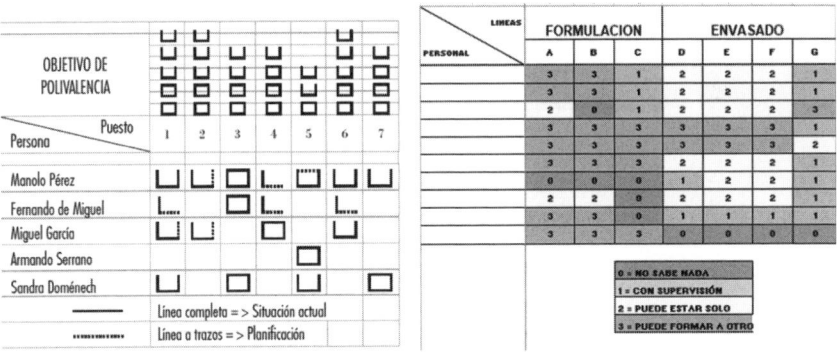

Fuente: Fernando Marco (Máster ESIC).

- Material de usuario:
  - Modelo de matriz poli/poli.
  - Plan de formación.
  - Pasaporte operario o lista de verificación poli/poli.

2.2.7 Ideas de mejora

- Sistema para capturar, revisar e implementar las ideas de los operarios centrado en la reactividad (objetivos de tiempo), la capacidad de respuesta, el empoderamiento y la retroalimentación.

- Combinado con la capitalización de beneficios financieros, el apoyo de los directivos de planta, el reconocimiento de equipo (no financiero) y la promoción de la competición entre equipos.
- Beneficios:
  - Empoderamiento, motivación y compromiso.
  - Reducción de los costes.
  - Eliminación de los despilfarros.
  - Reducción de los plazos.
  - Mejora de la calidad.
  - Convergencia de los costes recurrentes (RC).
- Directrices operativas:
  - Panel o sistema de ideas para recopilar y monitorizar las ideas propuestas (ver Figura 2.37).

Figura 2.37. Ciclo de ideas propuestas

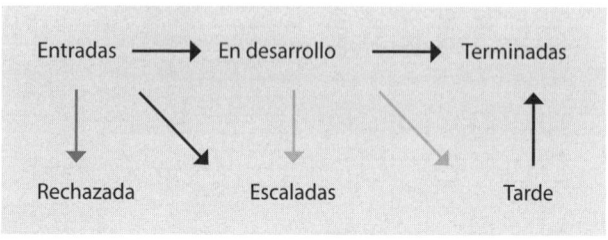

Fuente: Elaboración propia a partir de Airbus Operating System (AOS).

  - Los operarios pueden presentar sus ideas directamente.
  - Los criterios de selección son definidos, expuestos y aplicados en la zona.
  - Se asegura un *feedback loop* y retroalimentación al iniciador, respetando el plazo establecido.
  - Reunión semanal del GAP para revisar, evaluar e implementar ideas. Las ideas se implementan respetando las fechas límite acordadas.
  - Los beneficios se cuantifican, validan y consolidan.
  - Existe un reconocimiento formal para los individuos. Se celebran las mejores ideas del mes.

- Representa una aplicación del ciclo de mejora continua PDCA:
  - *Plan* (planear): Generar una idea.
    1. El operario presenta una idea.
    2. El MFT valida la idea.
    3. Retroalimentación bidireccional entre las funciones de apoyo y la producción, incluyendo el operario.
  - *Do* (hacer): Implementar la idea.
    4. Los operarios siguen la implementación y están empoderados para implementar la idea con las funciones de apoyo si fuera necesario.
  - *Check* (verificar): Confirmar los beneficios.
    5. Los encargados de producción de las líneas verifican las ideas implementadas a tiempo.
    6. Las funciones afectadas y de apoyo verifican los beneficios de las ideas implementadas.
  - *Act* (actuar): Premiar y comunicar.
    7. La gestión de la producción y la red *process & improvement* (mejoras) seleccionan a un equipo para un reconocimiento no monetario. Comunicar sobre las mejores ideas. Resaltar, publicar y compartir las ideas más innovadoras. Realizar informes sobre las ideas/el empleado durante el periodo para comparar los ámbitos.

2.2.8. *Control plan* / Plan de control

- Define todas las exigencias de los controles e inspecciones para fabricar un producto con su proceso asociado que cumpla con el diseño y las exigencias de los clientes. Proporciona el marco para identificar claramente dónde, cuándo, cómo y quién realiza los controles.

- Beneficios:
  - Estrategia basada en equipos multifuncionales.
  - Centrado en la necesidad del control de costes y la optimización de la calidad.

- – Pasar de la corrección a la prevención minimizando un cambio de proceso y de producto.

- Directrices operativas:

  - – Todos los controles/todas las Inspecciones del área evaluada están cubiertos por el o los planes de control.
  - – En caso de no estar completamente desplegado, se formaliza un plan táctico para finalizar el despliegue.
  - – Las inspecciones y los controles toman en cuenta los requisitos del producto y el proceso, y permiten evitar las no conformidades.
  - – Se realizan revisiones por el GAP con la frecuencia apropiada.
  - – Características clave (KC) de productos y procesos o críticas para artículos de calidad (CTI) han sido identificadas para la monitorización SPC.
  - – Las actualizaciones toman en cuenta los datos de entrada procedentes del diseño, del proceso de fabricación y del taller (ver Figura 2.38).

Figura 2.38. Plan de control

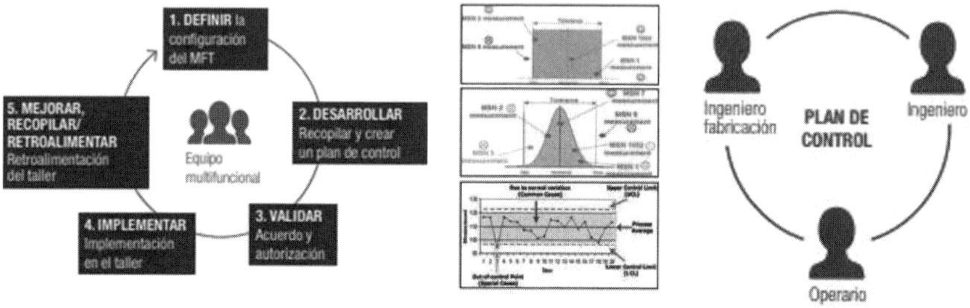

Fuente: Elaboración propia a partir de Airbus Operating System (AOS).

- Creación:

  - – Identificar las inspecciones y controles existentes dentro de la actividad.
  - – Crear un GAP específico (MFT: *multifuncional team*, equipo multifuncional) y revisar los controles e inspecciones con regularidad.

- Concentrarse en la optimización del control, a saber: ¿disponemos de los controles adecuados, realizados por la gente adecuada y con la frecuencia adecuada?
- Organizar los controles cascadeándolos en las órdenes de trabajo o en las hojas de ruta y crear la documentación para apoyar los requisitos de inspección.
- Eliminar u optimizar los controles para reducir los costes de inspección o optimizar los controles para reducir los costes de no conformidad.

• Ejecución:

- Identificar los controles que se van a revisar, basándose en criterios clave como los CnQ, las no conformidades, los problemas de los clientes, etc.
- Justificar la supresión o la incorporación de controles (optimización).
- Acordar los cambios mediante el MFT (GAP) del plan de control.
- Cascadear a operaciones a través de enmiendas en las órdenes de trabajo o en las hojas de ruta y en la documentación asociada.

2.2.9. *Cost of non quality* / Costes de no calidad (CNQ)

• Fomentar el «bien a la primera» y mejorar la rentabilidad. Ayuda a identificar y reducir el coste de no calidad, ya seas un alto *manager* o formes parte del taller.

• Beneficios:

- Reducción del plazo para recopilar la causa raíz de nivel 1.
- Categorías de causas raíz estandarizadas y recopilación de datos para la no conformidad.
- Aumento de la concienciación en el taller mediante una gestión visual específica.

• Directrices operativas:

- Se entienden los costes de no calidad (CnQ) y se definen planes de acciones. Se estructura el seguimiento de las acciones.

- Se establece el MFT (p. ej., GAP de CnQ) con gobernanza y estrategia definida, dirigido por las operaciones.
- Pareto y datos CnQ de nivel 2, y separación de esos datos CnQ (Pareto) con objetivo específico.
- Los proyectos y planes de acciones CnQ son revisados y seguidos regularmente.

• Actuaciones:

- Seleccionar una NC / un problema, capturar la información requerida y comprobar/aplicar las soluciones aplicables.
- Seleccionar un Andon y una acción de contención.
- Investigar la causa raíz (PPS) y el proyecto de mejora con el MFT.
- Analizar datos e identificar las oportunidades de mejora.
- Revisar el rendimiento CnQ.
- Proporcionar *feedback* y concienciación al taller.
- Ver Figura 2.39 para ver la mentalidad y los comportamientos humanos.

Figura 2.39. Mentalidades y comportamientos en los CnQ

Fuente: Elaboración propia a partir de Airbus Operating System (AOS).

2.2.10. Reglas de oro acerca de la seguridad e higiene en el trabajo

- Conjunto de diez reglas de oro obligatorias relativas al medio ambiente y a la seguridad, cuyo objetivo es reducir proactivamente el número de lesiones e impactos ambientales asegurando el cumplimiento continuo de las reglas de seguridad.

- Beneficios:
  - Reducir el número de accidentes, incidentes e impactos ambientales.
  - Aumentar la concienciación acerca de la seguridad y el medio ambiente a todos los niveles de la organización.

- Directrices operativas:
  - Todos los empleados están formados en las reglas de oro y el cuestionario de seguridad.
  - La aplicación completa de las reglas de oro de seguridad está demostrada y asegurada sus beneficios.
  - Debe existir un panel de seguridad con revisión semanal.
  - El *tour* de seguridad Go-Look-See (observación sobre el terreno) es realizado por *managers* y representantes H&S (seguridad e higiene).
  - Los resultados acarrean acciones y un seguimiento con corrección inmediata de problemas 5S relativos a la seguridad.
  - Los resultados de la matriz de los Go-Look-See *tours* de seguridad son transmitidos y revisados semanalmente por los niveles de mando respectivos.

- Las 10 *golden rules* pueden estar relacionadas con:
  1. Informar acerca de accidentes, incidentes y cuasi accidentes. Evitar que tus compañeros y entorno sufran daños.
  2. Equipo de protección colectivo y personal. No estoy autorizado a trabajar sin el equipo de protección colectivo e individual requerido.
  3. Limpieza. Respeto las normas de limpieza adecuadas todo el día y cada día.

4. Operaciones de manutención manual. Uso ayudas mecánicas o pido ayuda si es necesario.

5. Actividades de alto riesgo. Siempre sigo el protocolo correcto para la actividad.

6. Sustancias peligrosas. Nunca vierto los desechos químicos en los desagües o en el suelo.

7. Máquinas y herramientas. Nunca desactivo los dispositivos de seguridad. Está estrictamente prohibido.

8. Carteles de seguridad y reglas de tráfico. Es obligatorio cumplir con los carteles de seguridad en todo momento.

9. Formación e Información. No empiezo una tarea sin la formación correcta.

10. Conocimiento de los riesgos. En caso de duda, paro y le pido consejo a mi *manager.*

Test de autoevaluación 6

6.1. Identificar cada una de las acciones a un principio Lean
Principios LEAN
A) Hoshin-Kanri.
B) Diagrama Spaguetti.
C) Gemba Go-Look-See.
Acciones:
a) Optimizar los desplazamientos en la planta.
b) Tener información directa y de primera mano.
c) Afecta a la distribución de las instalaciones en las diferentes áreas de producción.
d) Forma de trasladar los objetivos de la empresa a niveles inferiores.
e) Compartir activamente con los equipos los problemas *in situ.*
f) Plan Táctico de Implementación para soportar esas prioridades *top level.*

6.2. Identificar cada una de las acciones a un principio Lean
Principios LEAN.
A) OEE.
B) TPM.
C) Poli/poli.
Acciones:
a) Ayuda al plan de desarrollo de los operarios.
b) Nos ayuda a identificar una empresa de clase mundial.
c) La prevención es una de sus principales razones.
d) Disponibilidad del medio productivo en el horario de trabajo.
e) Gestionar las competencias operativas dentro del equipo.
f) Optimizar el funcionamiento y eficacia de las instalaciones y máquinas.

6.3. Identificar cada una de las acciones a un principio Lean
Principios LEAN
A) Ideas de mejora.
B) Plan de control.
C) Costes de no calidad.
Acciones:
a) Establecimiento de categorías de causas raíz estandarizadas y recopilación de datos para la no conformidad.
b) Capturar, revisar e implementar las aportaciones de los operarios.
c) «Bien a la primera».
d) Los resultados de las KC identificadas se monitorizarán posteriormente.
e) Representa una aplicación del ciclo de mejora continua PDCA.
f) Marco para identificar todas las inspecciones.

6.4. Identifica respuestas correctas (puede haber varias) relacionadas con las herramientas Lean.
a) Debe realizarse un *tour* de seguridad Go-Look-See (observación sobre el terreno) por los *managers* y representantes H&S (seguridad e higiene).
b) El objetivo del TPM es el mantenimiento correctivo rápido.
c) Los tres factores del OEE son disponibilidad, rendimiento y mantenimiento.
d) El Gemba no es hablar y dar instrucciones.

6.5. Identifica respuestas correctas (puede haber varias) relacionadas con las herramientas Lean.
a) La metodología Hoshin-Kenri incluye reflejar los KPI de seguimiento de las actividades (indicadores clave de rendimiento).
b) Con el diagrama Spaguetti podemos calcular el tiempo de ciclo del producto en la planta.
c) El Gemba supone hablar un 70%, y escuchar un 30% para enseñar a las personas.
d) Uno de los beneficios del Non OEE es identificar los equipos adicionales necesarios para aumentar la producción.

6.6. Identifica respuestas correctas (puede haber varias) relacionadas con las herramientas Lean.
a) La metodología de los costes de no calidad incluye Investigar la causa raíz (PPS) y el proyecto de mejora con el MFT.
b) Solo los *managers* pueden presentar las ideas de mejora directamente.
c) Las inspecciones y los controles del plan de control toman en cuenta los requisitos del producto y el proceso, y permiten evitar las no conformidades.
d) Cada operario debe preguntar a su *manager* sus autorizaciones de calidad y de trabajo, el estado de las formaciones y del plan de desarrollo.

3

Aplicaciones y casos prácticos

3.1. LEAN SERVICE: MODELO Y APLICACIONES

Hemos descrito el concepto, los principios, la cultura, la metodología y sobre todo, las principales herramientas usadas en la filosofía Lean. Sin duda, se considera al Lean una filosofía sólida, solvente y de valor, asentada mundialmente y con gran éxito en el entorno industrial, que sirve de inspiración también a otras metodologías que buscan además otros retos. Lógicamente, esta filosofía puede y debe aplicarse transversalmente a otros ámbitos y funciones de la empresa.

Esta filosofía Lean, aunque madura en el entorno industrial, se ha ido trasladando a otros entornos económicos debido al concepto universal de creación del valor y eliminación de los desperdicios inherentes a los objetivos de cualquier proceso.

Los servicios representan ya más de la mitad del PIB de las economías desarrolladas, aunque no nos limitamos a las empresas puramente creadoras de servicios sino también a aquellos servicios internos y externos para empresas propiamente industriales.

A pesar de las características diferentes de los servicios de acuerdo con los bienes, como intangibilidad, heterogeneidad, patentes, dispersión de instalaciones, trabajo conjunto de marketing y operaciones, mano de obra intensiva, presencialidad, etc., y la difícil creación de herramientas específicas, la filosofía Lean se puede adaptar a todas las actividades de servicio.

Se pueden definir varias clasificaciones de los servicios de acuerdo con los conceptos que se consideren:

- De acuerdo con la economía de los servicios a la que pertenece, se tiene:

    1. *Servicios de empresa a empresa (B2B)*. El servicio es proporcionado por empresas a otras empresas; características: existen muchos contactos dentro de la organización y a varios niveles; el que recibe el servicio normalmente no es el comprador y las relaciones pueden durar largo tiempo.

    Ejemplos: Mantenimiento, consultoría, diseño y fabricación, catering.

    2. *Servicios de empresa al consumidor (B2C)*. El servicio es comprado directamente por el consumidor; características: organización de servicio con muchos clientes con diferentes necesidades y expectativas, clientes provenientes de puntos muy diversos si no globales.

    Ejemplos: Tiendas, hoteles, restaurantes, bancos.

    3. *Servicios internos*. Muchos servicios son proporcionados por departamentos de la propia empresa a otras áreas de la empresa: IT, finanzas, viajes, etc.; características: el personal de servicio debe reconocer la importancia de este, deben perseguir y asegurar resultados.

    Ejemplos: Finanzas, compras, IT, personal.

    4. *Servicios públicos*. Proporcionados por gobiernos centrales o locales para la comunidad, obteniendo los ingresos no solo del propio servicio sino también de los impuestos; características:

siempre bajo inspección y escrutinio; muchas veces no pueden utilizar el precio para regular la demanda (decisiones políticas); muchas veces el cliente no tiene elección, muchos de ellos cubren necesidades de la comunidad (policías, prisiones, etc.).

Ejemplos: Hospitales, escuelas, policía, prisiones...

5. *Servicios sin ánimo de lucro ni beneficio.* Organizaciones de caridad, no gubernamentales; características: gestionan grupos de voluntarios que pueden no seguir los procedimientos; debe conseguir fondos y aportaciones, trabajan en áreas peligrosas y requieren esfuerzos importantes de servicio.

Ejemplos: Agencias no gubernamentales, fundaciones...

• De acuerdo con el proceso de servicio, se tiene:

1. *Servicios dirigidos al cuerpo de las personas.* Acciones tangibles dirigidos a las personas, que están presentes en el proceso de entrega de servicio; se produce en instalaciones físicas donde personas y máquinas crean el servicio; los clientes cooperan de forma activa con las operaciones de servicio. Los directores deben considerar los procesos y el resultado de lo que pasa con el cliente; identificar costes (no solo los financieros sino también de tiempo, esfuerzo mental y físico, molestias del cliente).

Ejemplos: Transporte de pasajeros, salud, hospedaje, restaurantes, peluquerías, gimnasios, etc.

2. *Servicios dirigidos a las posesiones físicas.* Acciones tangibles dirigidos a los bienes y otras posesiones físicas que pertenecen al cliente; estos objetos deben estar presentes, aunque el cliente no esté. Suele haber estandarización y no implica producción y consumo simultáneos. Aspectos importantes son el transporte y almacenaje de bienes. El resultado debe ser una solución satisfactoria del problema del cliente o alguna mejora tangible del objeto.

Ejemplos: Transporte de carga, reparación/mantenimiento, almacenaje, lavanderías...

3. Servicios dirigidos a la mente de las personas. Acciones intangibles dirigidas específicamente a la mente de las personas, que deben estar presentes mentalmente, y que puedan cambiar actitudes e influir en el comportamiento. En los casos en que pueda dicha información convertirse en bits digitales, se podrá convertir en un producto manufacturado.

Ejemplos: Publicidad/relaciones públicas, entretenimiento, consultoría, educación.

4. Servicios dirigidos a activos intangibles. Acciones intangibles a los activos de un cliente; se requiere poca participación del cliente una vez solicitado el servicio.

Ejemplos: Banca, seguros, contabilidad, programación, investigación.

- De acuerdo con el proceso de mejora, conviene hablar de complejidad en el trabajo:

  – Personalización del trabajo: Cuando es rutinaria (baja) frente a personalizada (alta).

  – Intangibilidad del trabajo: Servicios ofrecidos con productos tangibles (baja) frente a experiencia del cliente (alta).

Así tendremos la siguiente clasificación:

1. *Distribución industrial de bienes.* Servicio parecido a la producción, pues se produce algo tangible distribuyendo un producto. En la mayoría de los casos la empresa no creó el producto.

Ejemplos: Un libro que nos trae Amazon, una película en *streaming*, etc.

2. Distribución de bienes personalizados. Aquí también se produce algo tangible que pueda ser almacenado, pero en este caso son versiones lujosas y personalizadas.

Ejemplo: Vestido de boutique para una fiesta especial, *software* específico y exclusivo para aplicaciones de una empresa, etc.

3. Experiencia estándar. Se refiere este apartado a intangibles que no pueden almacenarse, que se consumen en el punto de venta interaccionando con el cliente.

Ejemplos: operación bancaria en el banco, limpieza bucal, etc.

4. Experiencia personalizada. También intangible, pero muy personalizada, cara y lujosa.

Ejemplos: Entrenador personal a domicilio, estilista para cambiar tu figura o imagen, etc.

En la Figura 3.1 podemos ver varios ejemplos.

Figura 3.1. Gráfico de personalización frente a contenido del trabajo

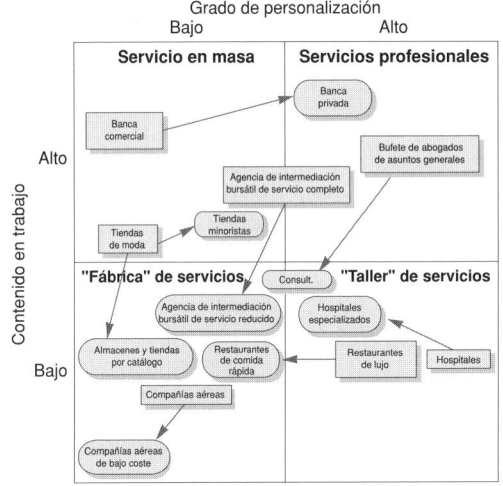

Fuente: Elaboración propia a partir de Heizer, J. y Render, B. (2015).

Lógicamente, cuando se exige experiencia personalizada, el servicio resulta más complejo y difícil de estandarizar y utilizar herramientas prefijadas.

Las empresas buscan la excelencia en los servicios, de manera que debe hacerse preguntas relacionadas con el cliente como ¿cuál es la experiencia del cliente?, ¿cuán satisfecho está?, ¿estamos dando el servicio que el cliente espera?, etc.

Entender en este sentido al cliente para diseñar un servicio adecuado es parecido al diseño de un producto. No solo habría que satisfacer sus necesidades, sino también que quedara encantado con él.

Además, habría que entregar a tiempo, por lo que deberíamos tener los recursos materiales y personales adecuados para conseguirlo, igual que en un proceso de producción de bienes.

Con puntualidad y calidad, lo que quiere el cliente en cada uno de ellos será:

1. Distribución industrial de bienes: Funcionalidad, coste y comodidad.

2. Distribución de bienes personalizados: Requieren algo especial que no pueda darte cualquier empresa mediocre y que los distinga de las masas.

3. Experiencia estándar: Buen trato y respeto en la interacción entre empresa y cliente. Trato único.

4. Experiencia personalizada: Servicio más exigente; los clientes deben verse cautivados y sobrepasados en su experiencia prevista de servicio, que es lo que realmente importa más.

Cuando estamos trabajando con *macroprocesos en las empresas de servicio*, el *mapeo del flujo de valor* puede ser muy útil para ver el estado actual de los procesos desde el punto de vista del cliente, pero:

- Con ello no se solucionan los problemas, sino, como hemos visto anteriormente, que es una herramienta que nos ayuda a enfocar la situación.

- En los servicios hay muchas operaciones que no son estándar; es más, dependen de la interacción con los clientes, con lo que los tiempos pueden variar de uno a otro, ni tampoco puede apuntarse al inventario en muchos casos, como en producción de bienes.

- Nos ayudan a crear ciclos PDCA de mejora continua para poder resolver problemas inicialmente identificados.

Una manera muy útil de identificar el valor añadido que proporcionamos desde el punto de vista del cliente es ir al Gemba del cliente y ver qué hacen y que necesidades tienen.

Identificar en los servicios el concepto de producción de *flujo de una pieza* ayuda a eliminar obstáculos e interrupciones y que el valor fluya más rápidamente hacia el cliente. Conceptos como el *takt time* puede o no servirte en estos casos. Aquí se exige algo de creatividad para ello.

Grupos o células de trabajo, donde todas las funciones involucradas trabajen juntas como un *plateau* suelen ser útiles, sobre todo para el desarrollo de nuevos servicios o resolución de problemas.

Aquí también los sistemas de trabajo que consigan procesos estables y continuos con poca variabilidad son deseados. Para ello equilibremos las cargas de acuerdo con el tiempo y los recursos para conseguirlo. En los servicios se piensa que es imposible regular la carga de trabajo. Pero sí lo puede ser teniendo en cuenta la creatividad, pero basándonos en las herramientas Lean.

Responder a la demanda del cliente en buena medida utilizando posibles supermercados y gestión visual ayudará a satisfacer sus necesidades.

Los *microprocesos* son aquellos que se ven a nivel de operaciones e integran el ritmo diario del proceso con las personas y la resolución de problemas para ofrecer una excelencia en los servicios continuamente.

La estandarización es la mejor base para realizar el trabajo y establecer un marco para la mejora continua, capacitando al personal en su desempeño. La gestión visual aquí ayuda a conocer cómo estamos respecto al estándar. La calidad paso a paso y el empoderamiento del personal ayuda a resolver muchos inconvenientes que puedan presentarse.

La tecnología ayuda a capacitar a las personas en la elaboración estándar de las tareas y a los clientes en su experiencia del servicio.

Un aspecto importante de los servicios es cómo se desarrolla el trabajo en las oficinas, de modo que podamos aplicar la filosofía Lean. Podemos analizar varios aspectos:

1. *Organización por flujos de valor*. Uno de los obstáculos más importantes a la aplicación de la filosofía Lean en los procesos de oficina y servicios es la estructura organizacional existente.

La mayoría de las empresas están organizadas en funciones y departamentos que guardan escasa relación con la información que realmente se está procesando o con el servicio que quiere prestarse al cliente. Se impide el flujo de información adecuado y no colaboramos con nuestro cliente interno o próximo. Pero el objetivo debe ser optimizar el rendimiento del flujo de valor global optimizando el de cada proceso o servicio.

Muchas organizaciones trabajan con responsables de dicho flujo de valor para diferentes proyectos o paquetes de trabajo. Tres posibilidades tenemos para la organización por flujos de valor:

- Crear equipos interfuncionales o intradepartamentales (MFT: *multi functional team*) en una misma ubicación basados en el flujo de valor.

- Definir roles basados en el flujo de valor en un departamento.

- Organizar las actividades de los individuos que apoyan múltiples flujos de valor.

Durante el diseño y desarrollo de productos y servicios es muy común el concepto de ingeniería concurrente o simultánea, donde todas las funciones trabajan desde el principio juntas con el objetivo de reducir tiempo, costes, ganar calidad y enfocarse hacia el cliente del servicio o producto.

2. *Creación de trabajo estandarizado.* En los servicios y oficinas el establecimiento y la práctica del trabajo estandarizado puede ser difícil de llevar a cabo debido fundamentalmente a la heterogeneidad de las tareas. Como hemos visto anteriormente, el trabajo estandarizado es el mejor medio de la filosofía Lean para realizar una tarea de forma eficaz y poder comparar entre sí y buscar la mejora. Se asegura que los procesos se realicen de forma sistemática y además se garantiza la calidad del servicio dado. Dicho trabajo se realiza juntamente con ayuda de formación y entrenamiento.

Además, otro objetivo es identificar aquellas actividades fuera de dichos estándares y realizar posibles mejoras.

Dicho trabajo estandarizado debe apoyarse en representaciones visuales donde representamos todos los elementos clave: identificación de la tarea, puntos clave asociados a la tarea, duración/calendario/horario, referencias visuales.

Como cualquier trabajo estandarizado, este tiene beneficios como curvas de aprendizaje que se reducen, mejoras de productividad, mayor flexibilidad ante los cambios de personal, mejor trazabilidad de las tareas, etc.

3. *Creación de flujo.* La creación de valor con el flujo de una sola pieza, en la que la información es procesada o el servicio es prestado de forma ininterrumpida con pocas colas o ninguna, sería ideal para los servicios también. Para tratar el flujo en servicios puede haber tres posibilidades:

   a) Combinar actividades en un solo rol o responsabilidad.

   b) Diferentes roles o funciones llevan a cabo actividades en forma de un flujo continuo.

   c) Realizar actividades en paralelo con otras actividades relacionadas.

   Dependiendo del servicio tratado, podrá utilizarse una u otra. Pero el proceso general incluirá la identificación de las actividades involucradas, determinación de la tasa de demanda, necesidades de recursos, identificar roles y responsabilidades, incluido el trabajo estandarizado, necesidades de formación y establecimiento de técnicas de gestión visual para poder gestionar el sistema a lo largo del tiempo.

4. *Crear* pull *nivelado.* El concepto de *pull,* donde la demanda es la que tira de la producción, puede ser aplicado a los servicios, de manera que nos sirva para controlar el flujo de recursos sobre la base de dicha demanda o consumo real. En dichos momentos deberemos tomar decisiones sobre la prestación del servicio.

   Existes dos grandes formas de sistemas *pull:*

   a) Sistemas *pull* de supermercado, donde un proceso tendrá una cola o punto de almacenamiento localizado tras el mismo que retiene una determinada cantidad de cada *output* (información, por ejemplo) que el proceso puede producir. El proceso repone lo que lo que se ha consumido por el cliente de acuerdo con un sistema de normas de decisión establecidas.

b) Sistemas *pull* secuenciales, donde el proceso tiene una cola o punto de almacenamiento, pero no necesariamente de los *outputs* que el proceso pueda producir. Lo que está en cola puede variar en cada momento. El proceso se repone basándose en el estatus de la cola de acuerdo con un conjunto de normas de decisión establecidas (FIFO, por ejemplo).

Dichas colas deben ser visibles y se deben establecer unos límites aceptables considerando los niveles de servicio al cliente establecidos y los objetivos organizacionales para llevar a cabo dichos procesos específicos.

También se debe considerar la nivelación del sistema como motivo de dichas tomas de decisiones tanto de recursos que utilizar como de demanda admisible.

Los pasos para implementar sistemas *pull* incluirán identificación de localizaciones donde se espera que formen colas; identificar para cada cola los medios de visibilidad; establecer límites para las colas; definir normas para las colas, así como para su procesamiento; formación al personal de los sistemas *pull* y control de la eficacia, el cumplimiento y los problemas presentados.

Hoy día, cada vez más empresas de servicio, en un entorno de competitividad, fragilidad e incertidumbre, emplean la filosofía Lean para, con su carácter transversal y universal, ayudar a conseguir implantar los planes directores para facilitar las transformaciones requeridas de estandarización, optimización, incrementos de productividad, mejora de la rentabilidad y sostenibilidad, y cómo no, con la colaboración y motivación de todos los empleados.

Test de autoevaluación 7

7.1. Asignar las acciones a empresas de servicio según la economía de servicios.
Empresas de servicio:
A) B2B.
B) B2C.
C) Servicios internos.
Acciones:
a) Preparación de nóminas del personal.
b) Asistencia a una obra de teatro.
c) Informe contable anual en una empresa de transportes.
d) Servicio de seguridad nocturna para un almacén.
e) Compra de tornillería para el suministro a una línea de montaje.
f) Corte de cabello.

7.2. Asignar las acciones a empresas de servicio según el proceso de servicio.
A) Servicios dirigidos al cuerpo de las personas.
B) Servicios dirigidos a las posesiones físicas.
C) Servicios dirigidos a la mente de las personas.
Acciones:
a) Concierto de rock.
b) Corte de cabello.
c) Clase de Lean.
d) Reparación de teléfono móvil.
e) Limpieza de traje.
f) Viaje en avión.

7.3. Identifica las respuestas correctas (puede haber varias):
a) El mapeo del flujo de valor en los servicios no es útil para ver el estado actual de los procesos.
b) Diseñar un servicio adecuado es parecido al diseño de un producto. No solo habría que satisfacer unas necesidades, sino también que quedara encantado con él.
c) Cuando se exige experiencia personalizada, el servicio resulta más complejo y difícil de estandarizar y utilizar herramientas prefijadas.
d) En los microprocesos de los servicios, la estandarización no es conveniente debido a la volatilidad del trato con el cliente.

7.4. Identificar las respuestas correctas de acuerdo a cómo se desarrolla el trabajo en las oficinas, de modo que podamos aplicar la filosofía Lean (puede haber varias):
a) Un objetivo es identificar aquellas actividades fuera de los estándares establecidos y realizar posibles mejoras.
b) Para tratar el flujo en servicios puede optarse por dar diferentes roles o funciones para llevar a cabo actividades en forma de un flujo continuo.
c) El concepto *pull* no es aplicable a los servicios.
d) El concepto de ingeniería concurrente o simultánea significa que todas las funciones trabajan desde el principio juntas con el objetivo de reducir tiempo, costes, ganar calidad y enfocarse hacia el cliente del servicio o producto.

3.2. LOGÍSTICA LEAN: FLUJO DE INFORMACIÓN Y MATERIALES

En el campo de la logística (sobre todo interna), el sistema *pull* de suministrar cuando mi cliente (próximo paso) lo necesite es también empleado. En general ajustaremos nuestro sistema de producción hacia las necesidades del cliente, de manera que cumplamos el objetivo de producir lo que el cliente quiere, cuando lo quiere, con la calidad requerida y al menor coste.

El otro sistema es el *push,* donde sin respeto de la señal del cliente, el producto va saliendo y va siendo apilado en los almacenes sin control, y es desde estos desde los que se intenta dar servicio al cliente. Este proceder sume a la fábrica en el caos de la urgencia y al departamento de logística en un mero gestor de faltas.

Por eso debemos seguir el sistema *pull,* como parte de la filosofía Lean, donde se produce solo lo que el cliente necesita, intentando alisar la demanda y donde el *stock* realmente representa un indicador de ineficacias. El proceso es el representado en la Figura 3.2.

Figura 3.2. Sistema *pull* en la logística de materiales

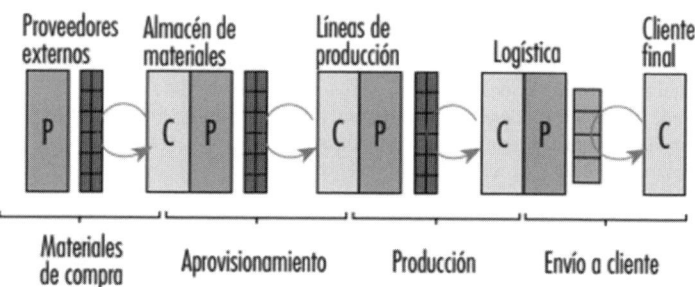

Fuente: Fernando Marco (Máster ESIC).

El MIFA (análisis de flujo de información y materiales) es la herramienta de análisis para describir los procesos productivos y visualizarlos en una imagen comprensible por todos (producción, logística, industrialización, calidad, etc.). Esta imagen está representada por el diagrama de flujo de la información y material (MIFD), que contiene:

- Los flujos de materiales.

- Las etapas de creación de la diversidad.

- Los puntos de estancamiento (*stocks* interprocesos).

- El modo de desplazamiento de los productos de una etapa a otra (medios, personal, frecuencias y cantidad).

- Los flujos de información.

- El origen y el destino de la información.

- La naturaleza de la información (Kanban, programa, secuencia, etc.).

- El modo de transmisión utilizado.

Esta imagen está representada por el diagrama de flujo de la información y material (MIFD), como puede verse en la Figura 3.3.

Figura 3.3. Diagrama de Flujo de la Información y Material (MIFD)

Fuente: Fernando Marco (Máster ESIC).

Para trasladar a producción una señal alisada que consiga transmitir un ritmo de producción constante, debemos realizar un plan industrial y comercial (PIC) y completarlo con un plan de producción (PdP).

El plan industrial y comercial (PIC) es el estudio mensual de los procesos en la planta de producción.

Desarrollo del plan de producción (PdP): El propósito del PdP es el de establecer el plan de producción con un horizonte cercano en firme y una previsión a medio plazo fiable. Es la referencia para el aprovisionamiento y contratación.

La estructura para conseguir un sistema *pull* será:

- Secuenciación de la producción y zonas de preparación de carga. (ZPC): zonas de preparación de cargas deben dimensionarse y marcarse físicamente en el suelo.

- Transmisión de la información en fábrica (Kanban vs. secuencia): El Kanban de producción se basa en la transmisión de la señal de consumo del cliente (tarjeta Kanban) desde las recogidas del *stock* pie de línea a los centros productivos.

- Logística interna: Aprovisionamiento cíclico por reposición.

- Materiales de compra: Recepción y almacén: regularización de los almacenes para su posterior reordenación de forma visual y accesible, propiciando así la estandarización de las tareas de logística.

- Logística de proveedores: El objetivo es el aprovisionamiento de materiales de compra en las cantidades y frecuencias marcadas desde el almacén.

Gráficamente puede verse en la Figura 3.4.

El Kanban de producción se basa en la transmisión de la señal de consumo del cliente (tarjeta Kanban) desde las recogidas del *stock* pie de línea a los centros productivos. El Kanban asegura la producción en sistema *pull* o flujo tirado debido a que la transmisión de la demanda no se realiza por previsión, sino por realidad de consumo. La tarjeta Kanban transmite la señal de recogida. La tarjeta contiene la información del material que acompaña (referencia, cantidad, descripción…). Esta será liberada en el momento de la retirada del material y depositada en el conformador de lotes como señal de consumo del cliente.

Figura 3.4. Gráfico global pull en la logística de materiales

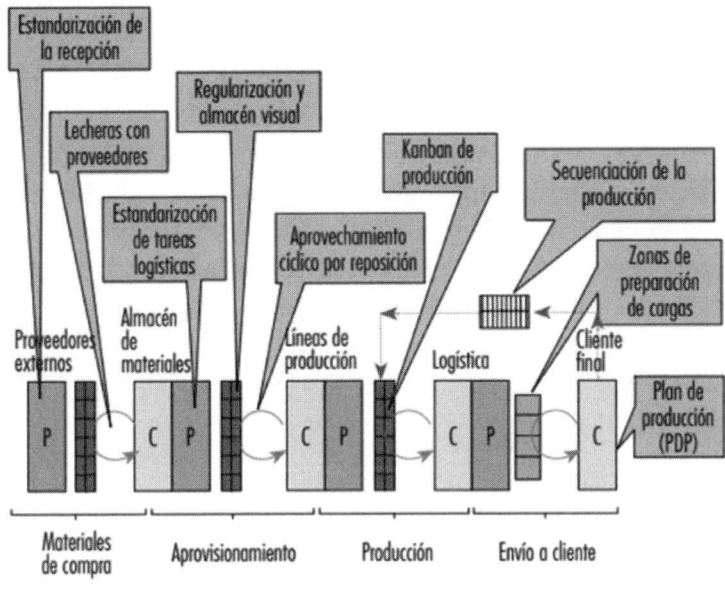

Fuente: Fernando Marco (Máster ESIC).

En un sistema *pull* el almacenamiento y la distribución de materiales, estándares, piezas, etc., es muy importante para asegurarlo. Entregar soluciones «llave en mano» (listas para aplicar), eliminando el no valor añadido del contenido del trabajo de los operarios y optimizando los costes de logística, reduciendo el manejo de las piezas y el plazo de preparación mientras se entrega la cantidad correcta de piezas, en el lugar y momento correctos.

Directrices operativas:

- Disposición y diseño del PoD: Punto de entrega (PoD - *point of delivery*). Lugar específico donde los departamentos de logística entregan el material a un taller (punto de entrega entre las actividades de logística y las actividades de fabricación). Punto de utilización (PoU - *point of use*): lugar en el taller donde las piezas se utilizan durante una operación/actividad para añadir valor a un producto. PoD diseñado con actores pertinentes, revisado anualmente y actualizado en caso de cambios. El PoD está lo más cerca posible del PoU y toma en cuenta consideraciones ergonómicas. Los operarios pueden identificar rápidamente las piezas faltantes y bucle de retroalimentación sobre la fecha de entrega.

- *Milk Run.* Ruta habitual para recoger cargas mixtas de diferentes áreas de preparación, supermercados o almacenes con el objetivo de reducir la manipulación y transporte. La *milk run* es una ruta de entrega fija y optimizada con una frecuencia de entrega fija que utiliza un trenecito con múltiples tipos de remolque. El objetivo es optimizar la entrega de piezas en términos de costes de transporte entregando las piezas correctas en el sitio correcto y el momento correcto. El horario de la *milk run*, la ruta definida y expuesta en el PoD, órdenes especiales existen para las rutas *milk run* / los carteles *milk run* (expuestos en el puesto). Las piezas distribuidas por PDU entregadas al PoD están integradas a la *milk run*. Entrega de una mezcla de productos, con la mayoría de las familias de productos combinadas. Los contenedores vacíos y llenos están gestionados en el mismo bucle.

- Zona de recogida rápida. El *fast picking* está diseñado para mejorar la eficacia de la recogida a través del diseño del *layout* de almacén que minimiza el tiempo de desplazamiento de los recolectores de almacén y está dispuesto en el mismo orden que el lugar de entrega. Se elimina la pérdida de tiempo del operario reduciendo el tiempo de búsqueda y el desembalaje de las piezas para recoger solo en respuesta a un pedido del cliente. La capacidad de respuesta es más rápida en caso de problemas con una detección más temprana de faltantes o problemas de calidad. La zona de recogida rápida se organiza por piezas comunes y específicas, según la configuración del PoD. Las rutas de recogida son optimizadas, incluyendo el acceso para la *milk run*. Se aplican principios FIFO para las piezas apropiadas. La recogida y la preparación se hacen al mismo tiempo. 5S y gestión visual establecidas y respetadas. Gestión del mín./máx. con dimensionamiento, alertas de reabastecimiento y reacciones estándar optimizados.

- Preparación de PDU y gestión del supermercado (*marketplace*). La unidad de entrega *pull* (PDU - *pull delivery unit*) implica el flujo de dos o más piezas consolidadas en una unidad para recibir el *pull* del cliente según las necesidades de producción/operario en el punto de utilización (p. ej., orden de trabajo, contrato de preparación, etc.). Supermercado: lugar físico gestionado por logística que se utiliza para almacenar *kits* (sin actividades de preparación) para desacoplar las actividades de *picking* y almacenamiento del consumo. Preparación de PDU según el consumo real (mercado o directamente desde el PoD). La PDU está organizada según la secuencia de tareas del operario y los contenidos son adaptados a los cambios. El dimensionamiento del contenido de la PDU no debe superar un turno. El supermercado se sitúa cerca del área de preparación.

- Nivelación del plan de reabastecimiento externo. El reabastecimiento externo permite el suministro de productos a partir de fuentes exteriores a producción. La cadena de abastecimiento externa debe gestionarse para asegurar un manejo eficaz de las entregas de productos por el sistema logístico. El método de pedidos apunta a garantizar, de conformidad con las necesidades del cliente, la entrega del producto o servicio correcto(s), al tiempo correcto, de acuerdo con el coste y la calidad, en el lugar correcto y con la cantidad correcta. Existe un horario con intervalo fijo de entrega por camión. Se transmite el aviso previo de envío a los proveedores correspondientes. Se usa embalaje reutilizable para las piezas procedentes de fuera. Todas las piezas del calendario de entrega a producción son entregadas por los proveedores con la frecuencia definida (diaria/semanal) siguiendo su perfil XYZ.

- Disponibilidad de los recursos logísticos. La función del embalaje es proporcionar una entrega de productos conveniente, segura, robusta y rentable mientras se mantiene la integridad de estos. El embalaje debe ser diseñado para permitir el uso de un transporte eficaz y demandas de *Lean manufacturing*. Para los recursos críticos, se utilizan métodos de cálculo para evaluar la cantidad de recursos en el bucle. Se realiza el mantenimiento preventivo, programado para asegurar la seguridad de las personas, la integridad de las piezas y la disponibilidad coherente de los recursos críticos.

Seguir las cuatro etapas clave:

1. Diseñar la disposición del punto de entrega (POD) y del punto de utilización (POU).

2. Utilizar la *milk run* para preparar y entregar el material a los puestos.

3. Establecer una *fast picking area* en el almacén para optimizar el plazo de preparación.

4. Establecer un supermercado para almacenar las unidades de entrega en *pull*, listas para ser entregadas a los puestos.

Soluciones logísticas optimizadas:

- Las soluciones logísticas optimizadas se concentran en brindar coherencia a través de la cadena de abastecimiento.

- Se logrará el óptimo global asegurando que el flujo físico (PoU, almacén, distribución) esté sincronizado y conectado con el flujo de información (solución de pedidos, parámetros de pedidos y requisitos contractuales).

- Dicho proceso de almacenamiento y distribución puede verse en la Figura 3.5.

Figura 3.5. Logística optimizada en almacenamiento y distribución en planta

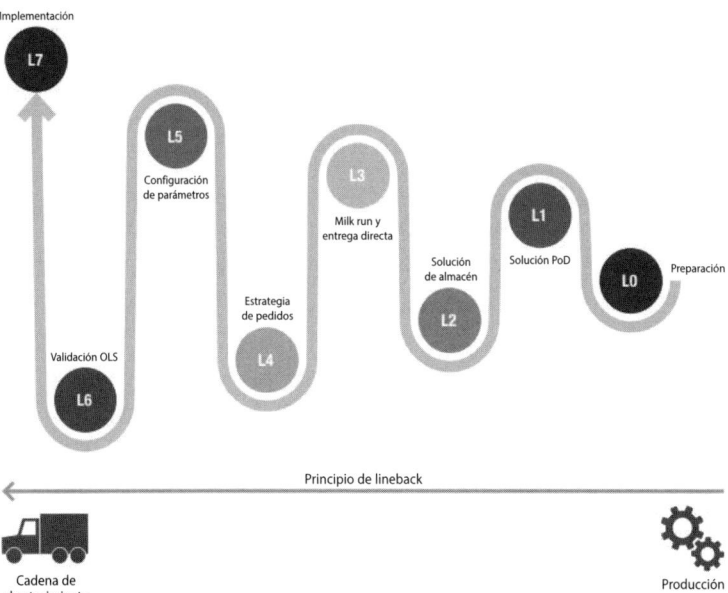

Fuente: Elaboración propia a partir de Airbus Operating System (AOS).

Test de autoevaluación 8

8.1. Identifica respuestas correctas (puede haber varias):
a) La logística de proveedores es el aprovisionamiento de materiales de compra en las cantidades y frecuencias marcadas desde el almacén.
b) El MIFA (análisis de flujo de información y materiales) es la herramienta de análisis para describir los procesos productivos y visualizarlos en una imagen comprensible por todos (producción, logística, industrialización, calidad, etc.).
c) El plan de producción (PdP) es el estudio mensual de los procesos en la planta de producción.
d) El Kanban de producción se basa en la transmisión de la señal de consumo del proveedor.

8.2. Identifica respuestas correctas (puede haber varias):
a) El Kanban de producción se basa en la transmisión de la señal de consumo del cliente.
b) El MIFD es el diagrama de flujo de la información y material.
c) Para trasladar a producción una señal alisada que consiga transmitir un ritmo de producción constante, debemos realizar un plan industrial y comercial (PIC) y completarlo con un plan de producción (PdP).
d) El plan industrial y comercial (PIC) es la referencia para el aprovisionamiento y contratación.

8.3. Identifica respuestas correctas (puede haber varias):
a) Se logrará el óptimo global asegurando que el flujo físico (PoU, almacén, distribución) está sincronizado y conectado con el flujo de información (solución de pedidos, parámetros de pedidos y requisitos contractuales).
b) Para el flujo de materiales, la *milk run* es una ruta de entrega fija y optimizada con una frecuencia de entrega fija que utiliza un trenecito con múltiples tipos de remolque.
c) Se debe establecer un supermercado para almacenar las unidades de entrega en *push*, listas para ser entregadas a los puestos.
d) Se realizará un mantenimiento correctivo, programado para asegurar la seguridad de las personas, la integridad de las piezas y la disponibilidad coherente de los recursos críticos.

8.4. Indica si es verdadera o falsa la siguiente afirmación:
El MIFA y el MIFD trasladan a producción una señal alisada que consiga transmitir un ritmo de producción constante.

8.5. Indica si es verdadera o falsa la siguiente afirmación:
En la gestión del flujo de información y materiales puede también conseguirse un sistema *pull*.

3.3. LEAN SEIS SIGMA

Seis sigma puede definirse como una aplicación completa, enfocada y efectiva de técnicas y metodologías de calidad comprobadas. Este proceso pretende asegurarse de que puede eliminar todos los errores y defectos posibles en el funcionamiento de una empresa. Sigma es la letra griega usada para medir la variabilidad. El nivel sigma de los procesos medirá el cumplimiento de la empresa. Lo habitual era situarse en torno a tres o cuatro, aunque buscan lógicamente mejorar a nivel sigma superiores.

Lean Seis Sigma se basa en la integración de Seis Sigma con la filosofía Lean. En esencia, toma conceptos de ambas y los integra en un solo sistema.

Mientras Toyota trabajaba en el desarrollo de la filosofía Lean, Motorola estaba haciendo algo similar con su metodología Seis Sigma. Esta metodología fue reconocida durante la década de los noventa, cuando General Electric desarrolló una de las piedras angulares del negocio. Estas dos empresas terminaron necesitando lo mismo. Querían combinar la eficiencia de la gente con el requisito de reducir los desperdicios.

Las dos filosofías están ahora vinculadas. Comparten muchas similitudes, y la mayoría de las empresas optan por el enfoque Lean Seis Sigma en lugar de usarlos por separado. Si bien Seis Sigma se enfoca en mejorar el proceso de un negocio con la ayuda de un análisis estadístico de las métricas de producción, la metodología Lean se enfoca en mejorar el flujo del negocio y eliminar cualquier área del proceso que sea irregular:

- Enfoque. Defecto en productos y procesos es cualquier componente que no se encuentra dentro de las especificaciones del cliente. Cada actividad desarrollada puede originar un defecto. Seis Sigma trata de reducir la variación de los procesos que originan estos efectos. Las variaciones son los enemigos de la calidad.

- Objetivo. Obtención de cómo máximo 3,4 errores o defectos por millón de oportunidades DPMO (casi cero defectos). Equivale a tener los datos aceptables dentro del 99,99966%, que corresponde a un valor de 6σ (ver Figura 3.6).

Figura 3.6. Nivel Sigma

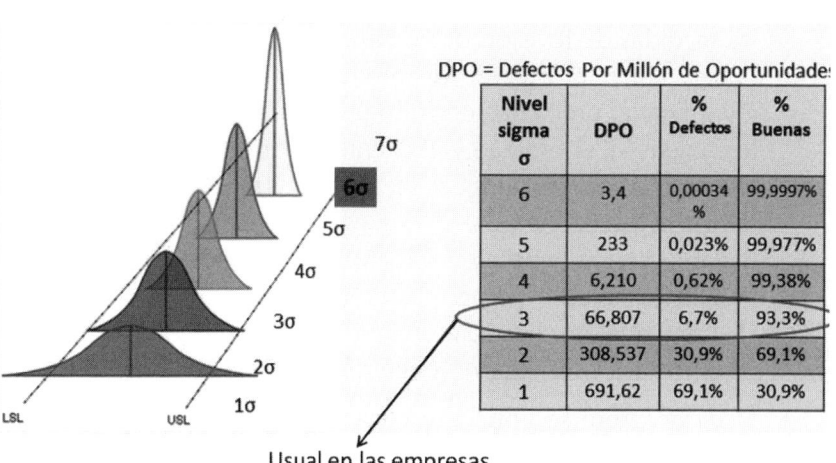

DPO = Defectos Por Millón de Oportunidades

Nivel sigma σ	DPO	% Defectos	% Buenas
6	3,4	0,00034 %	99,9997%
5	233	0,023%	99,977%
4	6,210	0,62%	99,38%
3	66,807	6,7%	93,3%
2	308,537	30,9%	69,1%
1	691,62	69,1%	30,9%

Usual en las empresas

Fuente: Elaboración propia a partir de https://aplicacionsistemadecontroldecalidad.blogspot.com/

- Metodología. Basado en el ciclo PECA (PDCA) de la mejora continua, aquí se define el ciclo DMAIC (definir, medir, analizar, incrementar/mejorar y controlar).

  - Definir (D): Identificar clientes y prioridades, proyectos para aplicar el seis sigma, características clave de estudio, etc.

  - Medir (M): Cómo medir y ejecutar el proceso, identificar errores y defectos, etc.

  - Analizar (A): Determinar causas más probables de los defectos, identificar variables clave que tienen más probabilidad de producirlos, etc.

  - Incrementar/Mejorar (I): Identificar medios para eliminar las causas de los defectos, cuantificar efectos de las variables clave que producen los defectos, identificar márgenes máximos de aceptación, modificar procesos para estar dentro de los límites apropiados, etc.

  - Controlar (C): Determinar cómo mantener las mejoras, fijar herramientas para mantenerse dentro de los límites, etc.

Desglosaremos algo más esos cinco pasos:

- *Definición*. El objetivo es comprender cuál es la meta final de las medidas de revisión de la empresa y el flujo de trabajo. Para poder refinar el proceso de producción es necesario definir o identificar el problema, creando un esquema para saber también los objetivos, el proceso y el cliente. Aquí una manera buena de entender las necesidades del cliente es utilizar el modelo de Kano, donde la satisfacción del cliente es proporcional a la funcionalidad del servicio o producto. Identifica tres tipos de necesidades: básicas (esperadas por el cliente), deseadas (solicitadas por el cliente y que crean satisfacción e insatisfacción) y las motivantes (inesperadas y que impresionen a los clientes).

- *Medición*. Aquí se obtienen métricas actuales con respecto a la producción, el desempeño y las referencias definidas. Se cuantifica el problema y es una fase crítica del proceso. El equipo creará un plan detallado de recopilación de los datos y responsables en el tiempo.

- *Análisis.* Deberemos buscar la causa raíz de los problemas para evitar que se vuelvan a producir. Se organizarán y analizarán los datos recopilados La herramienta de lluvia de ideas y diagrama de Pareto suelen utilizarse para la búsqueda de la causa y la organización de los datos.

- *Mejora.* Se busca una solución a esa causa raíz previamente identificada, poniéndola a punto e implementándola a lo largo del tiempo. Podemos identificar varias posibles soluciones evaluando su efectividad durante un tiempo establecido. Una vez evaluadas y decidida la adecuada, se establece esa solución piloto para ver como funciona. Si los resultados son positivos, adaptaremos dicha solución a una escala mayor.

- *Control.* La monitorización de dicha solución a gran escala es necesaria para comprobar que funciona a largo plazo y a dicha escala. Establecer varias métricas de control nos ayudarán a dicho control para conocer su robustez. Establecer también unas lecciones aprendidas será de mucha utilidad para su conocimiento posterior y expansión en la organización de las soluciones que han funcionado.

Las herramientas más utilizadas en cada una de las fases del Seis Sigma pueden verse en la Tabla 3.1, donde lógicamente algunas son son comunes a la filosofía Lean.

Tabla 3.1. Fases del Seis Sigma

Etapa Seis Sigma	Herramientas más usadas
Definir (D)	Análisis de Kano, SIPOC, Ciclo QFD, diagrama de Gantt, gráficas de proyecto, mapas de flujo de valor
Medir (M)	Costes de no calidad, muestreos, defectos por millón de oportunidades y cálculo de nivel Sigma, eficiencias de ciclo de proceso
Analizar (A)	Gráfica de Pareto, de tendencia y series temporales, histogramas, diagramas de dispersión y correlación, análisis de causa y efecto (espina de pescado), análisis de modo y efecto de fallo (AMFE)
Incrementar/ Mejorar (I)	5S, lluvias de ideas (*brainstorming*), *benchmarking*, técnicas creativas, pruebas comparativas, listas de comprobación para preparación (*check list*)
Controlar (C)	Gráficos de control, control visual de procesos, SQCDP

Fuente: Elaboración propia.

Para poder desarrollar el Seis Sigma y que trabaje en coalición con la filosofía Lean, debe crearse una estructura con diferentes funciones y roles, que principalmente son:

1. *Consejo directivo.* Altos directivos que desarrollen y ejecuten planes de implantación del Seis Sigma. Algunas actividades son: elaborar el discurso que comunique al personal de la empresa el enfoque; planificar y participar activamente de la implantación, crear una visión clara de los objetivos que pueda ser transmitida a los clientes; fijar objetivos claros y exigir medidas sólidas de los resultados; comunicar la evolución del plan y sus resultados, buenos o malos.

2. *Patrocinadores o* champions. Directivos que supervisan los proyectos Seis Sigma y que son responsables frente al consejo directivo de su marcha. Fundamentalmente orientan al equipo sobre el camino a seguir y le ayudan a superar los obstáculos. Algunas actividades son: fijar y alinear los objetivos del proyecto con las prioridades del negocio; aconseja y aprueba sobre los cambios necesarios; consigue los recursos necesarios; elimina barreras burocráticas que puedan surgir y trabaja con el resto de los directivos en la implantación de las soluciones establecidas.

3. *Responsable de la implantación.* Gestiona el día a día de las acciones planificadas con un perfil generalista más que especialista, coordinando actividades transversales en los departamentos. Algunas actividades son: apoyo operativo del consejo directivo, identifica y recluta actores importantes del proyecto, asegura la formación necesaria y su desarrollo, apoya a los patrocinadores, documenta y prepara el progreso de implantación para informar al consejo directivo.

4. *Tutor del Seis Sigma* o master black belt. Aconseja a los propietarios del proceso y los equipos en diferentes áreas como la utilización de herramientas estadísticas de medida, la gestión del cambio o las diferentes estrategias en el diseño del proceso. Debido a su complejidad, a veces las empresas se apoyan en consultoras externas, sobre todo durante las primeras etapas de implantación. Algunas actividades son: comunicación con los *champions*

y el consejo directivo, establecer la planificación del proyecto y asegurar su cumplimiento, medir y validar los beneficios del proyecto (*business case*) o ayudar a la resolución de problemas, analizando los datos del equipo, promoción y celebración de los éxitos conseguidos por el equipo.

5. *Jefe de equipo o de proyecto,* black belt. Persona directamente responsable del proyecto y de sus resultados. Sus funciones son similares a la del tutor, pero en este caso solo lleva un proyecto Seis Sigma. Suele conocer bastante bien el proceso para mejorar. Algunas actividades son: trabaja con el *champion* en la necesidad del proyecto, trabaja con los miembros del equipo y ayuda a seleccionar sus miembros, asegura la utilización de las herramientas seleccionadas, mantiene la planificación del proyecto ayudando a avanzar en las acciones y registra los resultados del proyecto.

6. *Miembros del equipo.* Elegidos básicamente por su conocimiento y trabajo en el proceso en el cual están revisando. Trabajan a tiempo parcial en el proyecto, ya que no dejan de realizar sus funciones habituales, por lo que deben acordar con su jefe su participación. Algunas actividades son: preguntar sobre el proceso y participar en las reuniones programadas, recogida de datos y análisis, escucha de forma activa demostrando sus habilidades, participar en el buen funcionamiento del equipo durante todo el proyecto.

7. *Propietarios del proceso* (process owner). Directivo responsable de la función determinada a mejorar, quien recibe la propuesta y dirigirá el proceso una vez mejorado. A veces, como resultado de la mejora, se produce un cambio en la organización y será necesario redefinir esta función.

Aquí se han definido algunos roles especiales de la organización Seis Sigma con términos inspirados en el kárate. Suelen ser tres: *black belts, master black belts* (ya comentados anteriormente) y los *Green Belts*, que suelen ser empleados que han recibido suficiente formación en Seis Sigma para participar en los equipos o trabajar de forma individual en pequeños proyectos relacionados con su trabajo diario.

Test de autoevaluación 9

9.1. Identificar si es verdadera o falsa la siguiente afirmación:
Si bien la metodología Lean se enfoca en mejorar el proceso de un negocio con la ayuda de un análisis estadístico de las métricas de producción, el Seis Sigma se enfoca en mejorar el flujo del negocio y eliminar cualquier área del proceso que sea irregular.

9.2. Identifica respuestas correctas (puede haber varias):
a) El nivel Sigma habitual en las empresas es de 6σ.
b) El Lean Seis Sigma pretende asegurarse de que puede eliminar todos los errores y defectos posibles en el funcionamiento de una empresa y aquello que no añade valor al cliente.
c) Defecto en productos y procesos es cualquier componente que no se encuentra dentro de las especificaciones del suministrador.
d) Las variaciones en los procesos son los enemigos de la calidad.

9.3. Identifica las respuestas correctas (puede haber varias):
a) El objetivo del Seis Sigma es la obtención de cómo máximo 4,3 errores o defectos por millón de oportunidades DPMO (casi cero defectos).
b) El Seis Sigma está basado en el ciclo PECA (PDCA) de la mejora continua.
c) La fase de análisis del Seis Sigma es donde se debe buscar la causa raíz de los problemas para evitar que se vuelvan a producir.
d) Durante la fase de medición se establecerán varias métricas de control nos ayudarán a dicho control para conocer su robustez.

9.4. Identificar herramientas con la etapa del Seis Sigma donde es más usada:
Etapa
A) DEFINIR.
B) ANALIZAR.
C) INCREMENTAR.
Herramientas
a) 5S.
b) Pareto.
c) Análisis de modo y efecto de fallo (AMFE).
d) Ciclo QFD.
e) *Benchmarking*.
f) Mapa de flujo de valor.

9.5. Para poder desarrollar el Seis Sigma y que trabaje en coalición con la filosofía Lean, debe crearse una estructura con diferentes funciones y roles, que principalmente son (elige los correctos, pudiendo haber varios):
a) Los *master black belt* son los directivos que supervisan los proyectos Seis Sigma y que son responsables frente al consejo directivo de su marcha.
b) El consejo directivo compuesto por altos directivos que desarrollen y ejecuten planes de implantación del Seis Sigma.
c) El *black belt* es la persona directamente responsable del proyecto y de sus resultados.
d) El *process owner* será el elegido básicamente por su conocimiento y trabajo en el proceso en el cual están revisando.

3.4. LEAN COMO SISTEMA INTEGRAL CON OPERACIONES

En las operaciones de una empresa, la filosofía Lean está integrada en todo el sistema para lograr una excelencia en su comportamiento y desarrollo. Es un proceso estructurado para la gestión, que está estandarizado y vinculado a cada nivel para mejorar el rendimiento de la actividad. Asegura el ajuste de la estrategia con las actividades del día a día de la organización. Crea rigor y disciplina para los factores que afectan a nuestros clientes, empleados y accionistas.

Se combina en unos estándares de valor demostrado y enfoque único organizados en áreas de excelencia. El propósito es impulsar el viaje de la empresa hacia la excelencia de la actividad. Los objetivos son estabilizar y mejorar continuamente el rendimiento operativo hacia una ejecución sostenible, orientada a la satisfacción del cliente y sin defectos mediante un desarrollo y una madurez robustos. La misión es pavimentar el camino hacia la excelencia mediante cuatro pilares clave:

1. *Eficacia del proceso*: Cuestionar y mejorar constantemente la forma de configurar y optimizar los recursos y las actividades para maximizar el valor y minimizar los desperdicios.

2. *Sistema operativo*: Alimentar el sistema operativo para avanzar constantemente hacia la mejor gestión del rendimiento y lograr las ambiciones de la empresa.

3. *Competencias, actitud & comportamientos*: Transformar a nuestros *managers* en asesores y embajadores de la excelencia operativa y anclar las buenas prácticas en los reflejos/hábitos de cada uno.

4. *Difusión*: Seguir la difusión en cada unidad y función de fabricación para asegurar la propagación a toda la comunidad de gestión y la coherencia dentro de la huella industrial global.

Basado en fundamentos operativos, la integración de la filosofía Lean en nuestras operaciones nos permite conocer nuestras condiciones actuales, entender y visualizar los problemas y reaccionar rápido para solucionarlos. Ver dichos fundamentos operativos en la Figura 3.7.

Figura 3.7. Fundamentos operativos de la integración de la filosofía Lean en las operaciones

Fuente: Elaboración propia a partir de Airbus Operating System (AOS).

Los principios de gestión de esta integración con operaciones los resumimos en nueve *bricks*, como puede verse en la Figura 3.8:

Figura 3.8. Principios de gestión de la integración del sistema Lean con operaciones

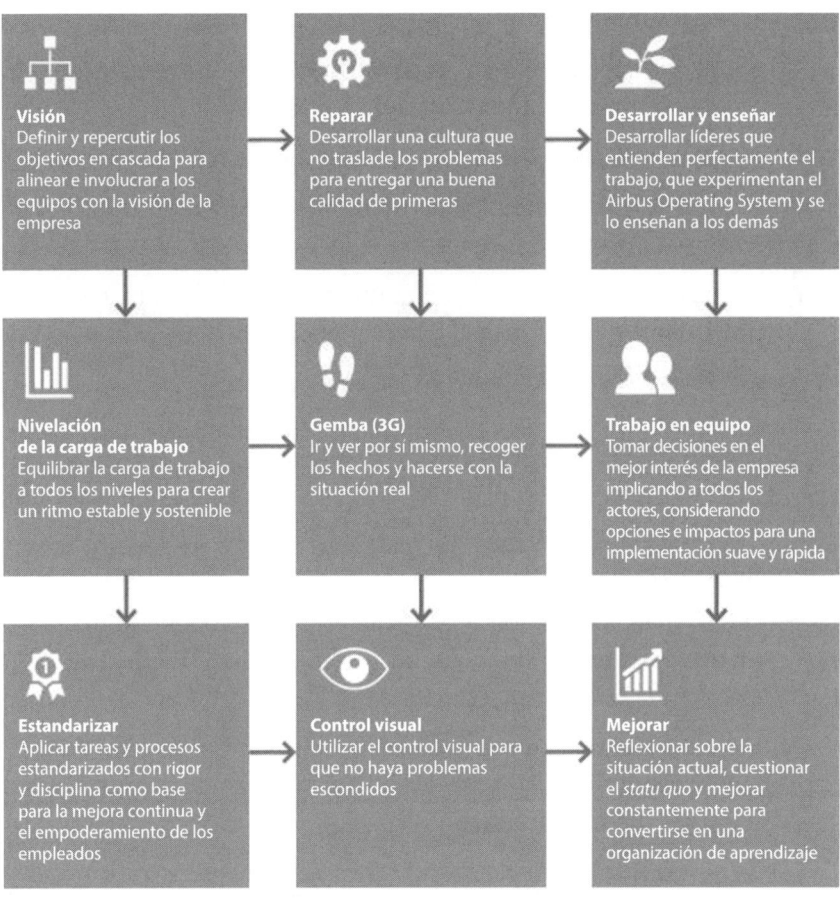

Fuente: Elaboración propia a partir de Airbus Operating System (AOS).

1. VISIÓN: *Definir y repercutir los objetivos para alinear e involucrar a los equipos con la visión de la empresa.* Garantizar que el trabajo de todos avanza en la misma dirección, con las mismas ambiciones, expectativas y prioridades es la clave del éxito del sistema.

Los equipos totalmente comprometidos, continuamente impulsados hacia la mejora, que entienden perfectamente el papel que juegan en la estabilidad y mejora del rendimiento, están en el centro de todo el sistema. Con este principio, nos aseguramos de:

- Mostrar/explicar la contribución de cada individuo al objetivo de la empresa.

- Actuar sobre las palancas de entradas para entregar y mejorar los motores de salida (árbol de KPI).

- Proporcionar una dirección clara y los entregables previstos.

- Cuantificar la ambición de rendimiento e identificar las iniciativas de mejora asociadas.

La visión de la empresa se comunica a través de varios medios, por ejemplo: las prioridades repercutidas en cascada a los equipos usando métodos como el Hoshin Kanri.

2. *REPARAR: Desarrollar una cultura de no traslado de los problemas para entregar una buena calidad de primeras.* La calidad es prioritaria. Identificar y resolver rápidamente cualquier problema relativo a la calidad y no trasladarlo nunca al proceso o cliente siguiente.

   Desarrollar medios eficaces para alertar a todos los recursos requeridos (*andon*) e involucrarlos en cualquier medida de protección del cliente que sea necesaria.

   Hay que asegurar que se realizan acciones robustas para la resolución de problemas para encontrar la verdadera causa raíz y evitar se vuelva a producir.

   Esto se puede lograr haciendo hincapié en elementos como:

   - No entregar ningún trabajo pendiente al puesto siguiente.

   - Garantizar la reactividad de la función de apoyo dentro del *takt time*.

   - Controlar los datos de entrada.

   - Erradicar la variabilidad.

   - Detener y arreglar (*stop & fix*).

   Adoptar una política de verdadero enfoque al cliente, y garantizar que todos coinciden con y viven el valor de «la excelencia es lo que hacemos a diario» ayuda a integrar este tipo de cultura.

3. *DESARROLLAR Y ENSEÑAR: Desarrollar líderes que entienden perfectamente el trabajo, que experimentan esta integración y se lo enseñan a los demás.* Sin constante atención, los principios desaparecen. Los principios deben estar enraizados; esa debe ser la manera de pensar de todos.

Se debe educar y formar a los empleados: deben mantener una organización de aprendizaje. Los líderes deben realmente experimentar la filosofía y ser capaces de enseñarla, ya sea con métodos directos o dando ejemplo. Los aspectos clave de líderes en desarrollo incluyen:

- La responsabilidad del líder para garantizar la sostenibilidad.

- Liderar dando ejemplo; los *managers* necesitan respaldar el sistema.

- Premiár a los *managers* PDCA frente a los «bomberos».

- Desarrollar a nuestra gente para que experimenten los procedimientos.

- Líderes como guardianes del sistema.

- Establecer y controlar las previsiones.

4. EQUILIBRADO DE LA CARGA DE TRABAJO: *Equilibrar la carga de trabajo a todos los niveles para crear un ritmo constante y sostenible.*

Este principio significa distribuir el trabajo en partes iguales dentro de la organización para garantizar un flujo regular.

Las operaciones debieran tener una carga óptima sin sobrecarga ni falta de carga… y, de haber momentos con máximo o mínimo de trabajo, los procesos se deberán medir y equilibrar según corresponda.

Esto se aplica a toda la organización, a todo nivel de la planificación de procesos.

Normalmente para lograr esto nos podemos ayudar mediante:

- Equilibrar la línea de línea estándar.

- Gestionar competencias del personal.

- Respetar el *takt time*.

- La eliminación de los cuellos de botella.

Seguir este principio ayuda a alcanzar la meta que consiste en minimizar los despilfarros sin sobrecargar el personal o equipo y sin crear niveles de producción desiguales e insostenibles.

5. GEMBA: *Ir y ver por sí mismo, recoger los hechos y hacerse con la situación real.* Sin vivir la situación de primera mano, los *managers* no entenderán completamente cómo se puede mejorar.

   Ir donde se realiza el trabajo para asegurarse de entender precisamente los hechos. Siempre pensar y hablar con información y datos verificados, comprobados.

   Sacar provecho de la sabiduría y experiencia de los demás para enviar, juntar o hablar de la información.

   Consideraciones clave para un *go look see*:

   - Evitar sacar conclusiones apresuradas.

   - Ir a aprender.

   - Ir a tomar decisiones basadas en los hechos.

   - Ir a asesorar sobre las expectativas.

   - Gestionar basándose en hechos y no en opiniones.

   - Tener la mente siempre abierta y ser humilde.

6. *TRABAJO EN EQUIPO: Tomar decisiones en el mejor interés de la empresa involucrando a todos los actores, teniendo en cuenta las diferentes opciones y sus impactos para una implantación rápida y exitosa.* Averiguar lo que realmente está sucediendo (*go-and-see*), determinar la causa subyacente y considerar una amplia variedad de alternativas.

   Establecer un acuerdo sobre la resolución utilizando herramientas de comunicación eficaces. En este caso, se debe hacer hincapié en encontrar la solución correcta y analizar las opciones de la solución con cuidado, en lugar de solo implementar algo rápidamente.

Características para la buena toma de decisiones:

- Garantizar el alineamiento para una mejor aceptación e implementación más rápida.

- Tomar decisiones basadas en los hechos.

- Identificar varias opciones y escoger la que mejor se adapta a las necesidades de la empresa y no a su interés personal.

- Planificar correctamente siguiendo el plan inicial, verificar y reaccionar – PDCA.

7. *ESTANDARIZAR: Aplicar tareas y procesos estandarizados con rigor y disciplina como base para la mejora continua y el empoderamiento de los empleados.* Cuando se tiene un proceso estándar, se puede experimentar con modificaciones en el estándar y así encontrar maneras de ejecución más rápida o con mayores tasas de calidad.

Se puede predecir la experimentación y la mejora solo cuando se tienen procesos predecibles y repetibles en los cuales se realizan experimentos.

Además, adoptar estándares les permite a los empleados identificar mejoras y puede ayudar a fortalecerlos para contribuir a la mejora de la empresa.

Los beneficios del trabajo estándar incluyen:

- Identificación fácil de desviaciones.

- Uso del mismo lenguaje, ADN.

- Garantizar la aplicación de una serie de reacciones apropiadas.

- Erradicar la variabilidad, garantizar la repetibilidad.

- Simplificar la resolución de problemas.

8. *CONTROL VISUAL: Utilizar el control visual para que no haya problemas ocultos.* Se deben diseñar controles visuales para

comunicar rápidamente la información a las personas, indicando si la condición es aceptable / no aceptable, y dar instrucciones sobre la acción que se debe tomar para recuperar la situación.

Los beneficios de un buen control visual incluyen:

- Condiciones normales claramente definidas y visibles.

- Desviaciones fáciles de identificar.

- Ninguna interpretación sobre la necesidad de reaccionar.

- Fomento de la transparencia y destrucción de la «cultura verde».

- Ayuda en enfatizar que cualquier problema es una oportunidad.

- Reducción del tiempo invertido por la organización para entender la situación, aumentando el tiempo para resolver el problema.

9. *MEJORAR: Reflexionar sobre la situación actual, retar el* statu quo *y mejorar continuamente para convertirse en una organización de aprendizaje.* El proceso para convertirse en una organización de aprendizaje requiere cuestionar cada aspecto de lo que hacemos. Ninguna organización es perfecta; siempre se puede mejorar.

Los esfuerzos para la mejora continua son los pasos que damos para mejorar día a día.

La mejora e imperfección también trae aprendizaje. Esto implica entender lo que fue bien y lo que fue mal, lo que funciona y lo que no.

Significa poner en práctica ideas nuevas, ver el impacto (bueno o malo) que tienen y determinar las medidas siguientes sin olvidar los resultados.

Cosas que una organización de aprendizaje siempre debe tener en mente:

- Incentivar la mejora; la mejora continua no tiene fin.

- Los cambios graduales pueden aportar grandes mejoras.

- No tener problemas es un problema.
- Calidad buena a la primera, el 99% no es suficiente.
- Conseguir el rendimiento.

La ayuda de los principales estándares se construye con y para los empleados para alcanzar un rendimiento dado mediante un proceso estructurado, que podemos resumir en seis caras de un dado, ver la Figura 3.9.

Figura 3.9. Estándares de un proceso estructurado de la integración del Lean con operaciones

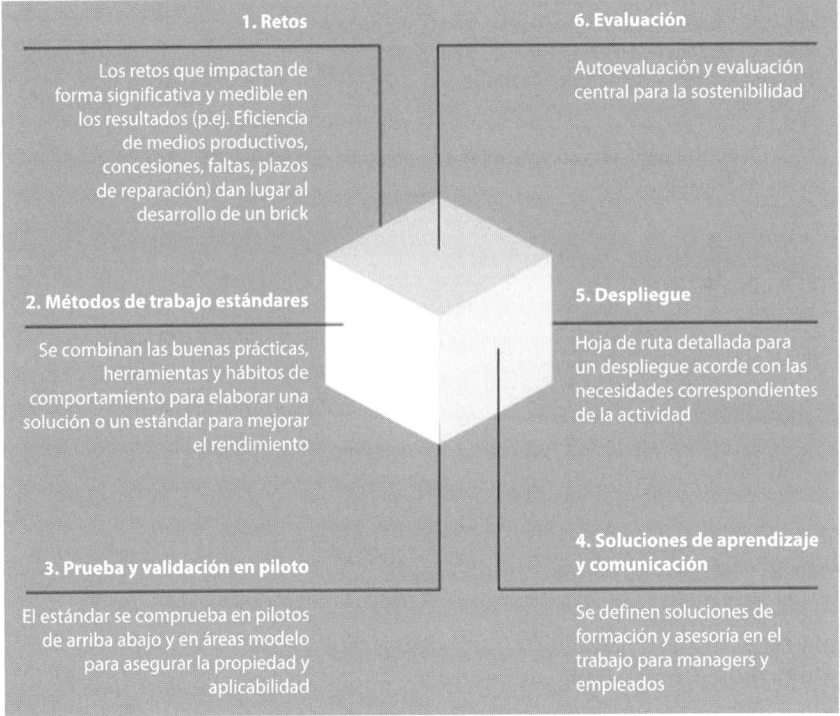

Fuente: Elaboración propia a partir de Airbus Operating System (AOS).

Test de autoevaluación 10

10.1. Identifica respuestas correctas (puede haber varias) para la filosofía Lean integrada con operaciones:
a) El Lean, como sistema integral con operaciones, es un proceso estructurado para la gestión que está estandarizado y vinculado a cada nivel para mejorar el rendimiento de la actividad.
b) En las operaciones de una empresa, la filosofía Lean está integrada en todo el sistema para lograr una excelencia en su comportamiento y desarrollo.
c) Los objetivos son estabilizar y mejorar continuamente el rendimiento operativo hacia una ejecución sostenible, orientada a la satisfacción del cliente y sin defectos mediante un desarrollo y una madurez robustos.
d) Cada área desarrolla unas variables de valor demostrado y enfoque único.

10.2. La integración de la filosofía Lean con operaciones está basada en fundamentos operativos, dos de los cuales son (puede haber varias respuestas válidas):
a) Mis condiciones normales de trabajo y mis conocimientos técnicos.
b) Mis condiciones normales de trabajo y mis reacciones.
c) Mis reacciones y condiciones de trabajo.
d) Mis alertas visuales y mis reacciones.

10.3. Identificar acciones con principios de gestión de esta integración del Lean con operaciones (*bricks*):
Bricks
A) VISIÓN.
B) EQUILIBRADO DE LA CARGA DE TRABAJO.
C) ESTANDARIZAR.
Acciones:
a) Cuantificar la ambición de rendimiento e identificar las iniciativas de mejora asociadas.
b) Simplificar la resolución de problemas.
c) Proporcionar una dirección clara y los entregables previstos.
d) La eliminación de los cuellos de botella.
e) Distribuir el trabajo en partes iguales dentro de la organización para ayudar a garantizar un flujo regular.
f) Procesos predecibles y repetibles.

10.4. Los principios de gestión de esta integración con operaciones los resumimos en *bricks*, 3 de los cuales son (puede haber varias):
a) Nivelación de la carga de trabajo, trabajo en equipo y control visual.
b) Visión, toma de decisiones y Gemba.
c) Trabajo en equipo, desarrollar y enseñar, y conocimiento técnico.
d) Estandarizar, trabajo en equipo y mejorar.

10.5. Identificar acciones con principios de gestión de esta integración del Lean con operaciones (*bricks*):
Bricks
A) CONTROL VISUAL.
B) TRABAJO EN EQUIPO.
C) REPARAR.

Acciones:

a) Identificar varias opciones y escoger la que mejor se adapta a las necesidades de la empresa y no a su interés personal.

b) No entregar ningún trabajo pendiente al puesto siguiente.

c) Desviaciones fáciles de identificar.

d) Involucrar a todos los actores, teniendo en cuenta las diferentes opciones y sus impactos para una implantación rápida y exitosa.

e) Comunicar rápidamente la información a las personas, indicando si la condición es acepta-ble / no aceptable, y dar instrucciones sobre la acción que se debe tomar para recuperar la situación.

f) No trasladar el problema nunca al proceso o cliente siguiente.

3.5. BENEFICIOS DE LA FILOSOFÍA LEAN

Conseguir los beneficios que ofrece la filosofía Lean no es tarea fácil. Exige tiempo, compromiso por parte de todos, cultura y formación, y controles. Hemos comentado durante todo el texto los principios, la metodología y las herramientas que nos ayudan a mejora en cada aspecto. Tres grandes conceptos sobre los que deben pivotar las mejoras son los costes, la calidad y las entregas o servicio al cliente. Una correcta implantación del Lean debe llevarnos seguro al menos a una reducción del 40% en costes, una mejora del 50% en calidad y un 40% en el servicio al cliente, por supuesto sin olvidarnos de las importantes mejoras en seguridad, productividad y moral del personal ni del importante aumento en el ebidta de la empresa. Debemos inevitablemente definir una correcta implantación y debemos entender que la filosofía Lean se aplica en entornos productivos (bienes o servicios) a través de la transformación de la empresa durante al menos tres años para conseguir los beneficios descritos de manera sostenida. Pero, cómo no, también es aplicable en otros entornos, aunque probablemente los beneficios puedan ser menores.

La implantación de la gestión del Lean no puede ser instantánea, sino que debe seguir varias etapas gradualmente para pasar de una organización tradicional funcional a dicha organización Lean. Hay cuatro diferencias principales sobre las que actuar para conseguir las mejoras anteriores:

- Disposición en flujo.

- Transferencias de materiales y productos, unidad a unidad o en pequeñísimos lotes.

- Equilibrado de las tareas en los diferentes puestos de trabajo.

- Eliminación de las ineficiencias o despilfarros de cualquier tipo.

La búsqueda de la máxima competitividad unirá la siguiente ecuación:

+ CALIDAD + PRODUCTIVIDAD – COSTES – TIEMPO

Para ello debemos actuar en la OPERATIVA DE LOS PROCESOS (ritmo, lotes, *stock* y *mix* de productos), RECURSOS (adaptados a la demanda), MEDIOS Y FLEXIBILIDAD (adaptación en puestos de trabajo, procesos, transporte y movimientos), EQUIPAMIENTO (capacidad y flexibilidad), MEJORA (mejora continua, flexibilidad y rapidez). Todos estos aspectos a su vez se pueden subdividir en subaspectos.

Podemos identificar las siguientes etapas para llevar a cabo una implantación adecuada:

- Proceso en flujo. Lote unitario. Minimización de *stock* y equilibrado.

- Eliminación de desperdicios y calidad a la primera. Estandarización operativa.

- Flujo *PULL. Stock* para interrupciones en flujo *PULL.*

- Flexibilidad en el volumen de producto. Adaptación del ritmo a la demanda.

- Flexibilidad en el tipo de producto. *Mix* de pequeños lotes. Nivelado.

- Flujo flexible. Multiproducto con *pull* y flexibilidad volumen/producto.

- Gestión visual y mejora continua. Control directo y periódico.

Las mejoras en cada etapa serán:

- Ajuste de tiempo de ciclo, número de trabajadores, producción, productividad, *lead time, stock* en proceso.

- Se sigue mejorando el número de trabajadores, productividad, *lead time* y *stock* en proceso.

- Ahora fundamentalmente se mejorará el *stock* final de producto acabado.

- Además se mejorará la capacidad de producción.

- Se estabiliza el sistema productivo y la capacidad de respuesta.

Mejora del flujo total que abarca todos los procesos con flexibilidad total para diferentes modelos de producto en la misma línea y ajuste de carga de trabajo para un equipo fijo de trabajo. Mejora final de los tiempos de respuesta, *stock* total, productividad y costes.

Control de los resultados de manera rápida y visual, asegurando que las actividades se mantengan. Nunca conformarse y facilitar la mejora continua y la participación de los trabajadores.

Para identificar y asegurar dichos beneficios y mejoras, una parte importante es el control mediante indicadores que nos puedan dar una visión rápida de la situación actual y de su evolución a lo largo del tiempo. Los indicadores son instrumentos de medida utilizados para realizar el seguimiento objetivo del funcionamiento de un proceso o de una acción previamente establecida. Hay algunos indicadores que van directamente a darnos información sobre el resultado final de los procesos, o sea, si el producto o servicio ha satisfecho los requisitos acordados con el cliente, que son los indicadores de resultados. Pero aquí utilizaremos otros también relacionados con los procesos internos, que nos dan información del desarrollo de determinadas partes; estos son indicadores más operacionales. Lógicamente tienen que ir relacionados y ligados a la consecución de resultados. Muchas veces los indicadores se diseñan de manera espontánea, con el mejor criterio, pero sin la reflexión adecuada sobre lo que realmente merece la pena medir. Otros representan meras estadísticas que aportan escasa información acerca del desempeño parcial o final del proceso.

Es necesario tener en cuenta el procedimiento para diseñar indicadores, que puede ser:

- Identificar al cliente o clientes del proceso (quien recibe los resultados del proceso).

- Determinar los requisitos de los clientes (sus necesidades respecto al resultado del proceso) y traducirlos a requisitos concretos y reconocibles.

- Dichos requisitos deben ser comprensibles, medibles, alcanzables y desear cumplirlos. Debemos validar los indicadores con nuestros clientes externos o internos.

- Asociar medidas a cada requisito, normalmente porcentajes.

- Establecer un plan de control para cada indicador, donde se definirá el responsable de la medición, la periodicidad de la medida y la fórmula de cálculo.

- Fijar un valor límite de cumplimiento, que juzgará si el funcionamiento es adecuado o no. Representa un estándar de cumplimiento u objetivo simplemente.

Podemos definir el rendimiento del indicador como la relación existente entre el valor obtenido al medir un indicador y el valor límite de cumplimiento asociado a dicho indicador, expresado en porcentaje.

Deberemos distinguir si el indicador supone una situación favorable como:

Rto= (Valor del indicador)/(Valor límite del cumplimiento) × 100

O si supone una situación desfavorable:

Rto= (Valor límite del cumplimiento)/(Valor del indicador) × 100

Lo ideal será superar un valor de 100% dicho rendimiento para considerar la situación adecuada. Si no es así, habrá que revisarlo introduciendo ajustes y mejoras pertinentes.

En el Lean se utilizan bastantes indicadores clave de rendimiento (KPI, *key performance indicator*) para saber si las medidas propuestas o las herramientas utilizadas están mejorando los resultados o resolviendo el problema. Estos indicadores utilizados en Lean tienen los siguientes objetivos principales:

- Ayudar a identificar problemas y oportunidades de mejora.

- Ayudar a identificar iniciativas y acciones de mejora.

- Comunican la estrategia de la empresa. Suponen un gran medio de comunicación.

- Ayudan a entender el funcionamiento de los procesos de la empresa.

- Ayudan a delegar tareas a los empleados.

- Ayudan a establecer responsabilidades en las distintas áreas y procesos.

Algunos indicadores Lean son:

- OEE (*overall equipment effectiveness* = eficiencia global de los equipos).

- TEEP (*total effective equipement performance* = rendimiento efectivo total de los equipos).

- FTT (*first time through* = calidad a la primera).

- DTD (*dock to dock* = tiempo de muelle a muelle).

- OTD (*on time delivery* = entregas a tiempo).

- BTS (*build to schedule* = cumplimiento según programa).

- ITO (*inventory turnover* = tasa de rotación de inventario).

- RVA (ratio de valor añadido).

- PPMS (tasa de defectos o partes por millón).

- FR (*fill rate* = tasa de cumplimiento).

- IFA (índice de frecuencia de accidentes).

- MTBF – MTTR (*mean time between failure* = tiempo medio entre fallos; *mean time to repair* = tiempo medio de las reparaciones).

- NQC (*non quality costs* = costes de no calidad).

- Cp, Cpk (capacidad del proceso dentro de los límites de tolerancia).

Test de autoevaluación 11

11.1. Identifica las respuestas correctas (puede haber varias) sobre los beneficios de la filosofía Lean:

A través de la transformación de la empresa durante al menos tres años, podremos conseguir los beneficios de la filosofía Lean de manera sostenida.

Debemos inevitablemente definir una correcta implantación y debemos entender que la filosofía Lean solo obtiene beneficios en la producción de bienes.

La búsqueda de la máxima competitividad en la aplicación de la filosofía Lean generará la siguiente ecuación: + CALIDAD + PRODUCTIVIDAD – COSTES + TIEMPO.

Conseguir los beneficios que ofrece la filosofía Lean no es tarea fácil, ya que exige tiempo, compromiso por parte de todos, cultura y formación, y controles.

11.2. Identificar las mejoras conseguidas por la aplicación de la filosofía Lean con la etapa para llevar a cabo una implantación del Lean adecuada:

Etapa de implantación de Lean

1. FLEXIBILIDAD EN EL TIPO DE PRODUCTO B2C.
2. PROCESO EN FLUJO. LOTE UNITARIO.
3. GESTIÓN VISUAL. MEJORA CONTINUA.

Mejoras:

a) Mejora del *lead time*.
b) Control de resultados de manera rápida.
c) Participación de los trabajadores en proyectos de mejora.
d) Mejorar la capacidad de respuesta.
e) Estabilización del sistema productivo.
f) Ajuste del tiempo de ciclo.

11.3. Las siguientes afirmaciones deben tenerse en cuenta en el procedimiento para diseñar indicadores (puede haber varias correctas):

a) Identificar al cliente del proceso.
b) Establecer un plan de control para cada indicador.
c) No hace falta fijar un valor límite de cumplimiento; con el indicador es suficiente.
d) Con comunicar los indicadores a nuestros clientes externos o internos será suficiente para que sea oficial.

11.4. Objetivos principales en los indicadores utilizados en Lean pueden ser (puede haber varios correctos):

a) Ayudar a identificar oportunidades de mejora.
b) Ayudar a mi desempeño personal.
c) Comunicar estrategias empresariales.
d) Comprensión de los procesos de la empresa.

11.5. Indicadores típicos Lean son (puede haber varias correctas):

a) OEE, CAD.
b) PPMS, Cpk.
c) OTD, RVA.
d) CNQ, ROI.

4

Respuestas a los test de evaluación

Test 1
1.1. c)
1.2. a), d)
1.3. c), d)
1.4. A: a), e); B: c); C: b), d)
1.5. A: b), c): B: a), d)

Test 2
2.1. Falso
2.2. c)
2.3. b), d)
2.4. a), d)
2.5. A: e); B: b), d); C: c); D: a)

Test 3
3.1. Verdadero
3.2. a), b), d)
3.3. a), c)

Test 4
4.1. Falso
4.2. d)
4.3. c)
4.4. b)
4.5. a), c)
4.6. b), c)

Test 5
5.1. A: c), d); B: a), e); C: b), f)
5.2. A: a), d), e); B: b), c), f)
5.3. A: d), e); B: a), c); C: b), f)
5.4. A: b), f); B: c), d); C: a), e)
5.5. A: d), e); B: b), c); C: a), f)
5.6. a), d)
5.7. c), d)

Test 6
6.1. A: d), f); B: a), c); C; b), e)
6.2. A: b), d); B: c), f); C: a), e)
6.3. A: b), e); B: d), f); C: a), c)
6.4. a), d)
6.5. a)
6.6- a), c)

Test 7
7.1. A: d), e); B: b), f); C: a), c)
7.2. A: b), f); B: d), e); C: a), c)
7.3. b), c)
7.4. a), b), d)

Test 8
8.1. a), b)
8.2. a), b), c)
8.3. a), b)
8.4. Falso
8.5. Verdadero

Test 9
9.1. Falso
9.2. b), d)
9.3. b), c)
9.4. A: d), f); B: b), c); C: a), e)
9.5. b), c)

Test 10
10.1. a), b), c)
10.2. b), d)
10.3. A: a), c); B: d), e); C: b), f)
10.4. a), d)
10.5. A: c), e); B: a), d); C: b), f)

Test 11
11.1. a), d)
11.2. A: d), e); B: a), f); C: b), c)
11.3. a), b)
11.4. a), c), d)
11.5. b), c)

Bibliografía

Asensi, F. A. (2017): *Lean manufacturing, Indicadores clave*. Francisco Andrés coaching & consulting.

Cuatrecasas, L. (2016): *Lean management: La gestión competitiva por excelencia*. Profit Editorial.

Edge, J. (2019): *Lean Seis Sigma*. BRAVEX Publicaciones.

García Coronel, C. (2016): *Manufactura esbelta, guía de notas*.

Gil, M. (2017): *Cultura Lean*. Profit Editorial.

Guerrero, J. (2016): *LEAN es LEAN, Fundamentos y herramientas del Lean manufacturing*. LEANROOTS.com Basic book.

Heizer, J. y Render, B. (2015): *Dirección de la producción y de las operaciones. Decisiones estratégicas*. Pearson Educación.

Humanes, M. (2019): Metodología Lean: ¿qué es y cómo aplicarla en tu empresa?. *Elkon.es*. Disponible en https://www.ekon.es/blog/metodologia-lean-empresa/

Kanban tool (2023): Mejora el rendimiento de tu equipo con una herramienta para la gestión visual de proyectos. *Kanbantool.com*.

Disponible en https://kanbantool.com/es/.

LIKER, J. y ROSS, K. (2019): *El Modelo Toyota para la excelencia en los servicios*. Profit Editorial.

LOCHER, D. (2017): *Lean office*. Profit Editorial.

LOVELOCK, REYNOSO, D'ANDREA, HUETE y WIRTZ (2018): *Administración de servicios, estrategias para la creación de valor en el nuevo paradigma de los negocios*. Pearson Educación.

MESAUTOMATION (2023): Guía para optimizar tu sistema de producción *batch*: Mejora la eficiencia y reduce costos. Mesautomation.com. Disponible en https://mesautomation.com/guia-para-optimizar-tu-sistema-de-produccion-batch-mejora-la-eficiencia-y-reduce-costos/

PANDE, P. S., NEUMAN, R. P. y CAVANAGH, R. R. (2002): *Las claves prácticas de Seis Sigma*. McGraw-Hill.

PARDO ÁLVAREZ, J. M. (2018): *Configuración y usos de un mapa de procesos*. AENOR.

PÉREZ MORALES, G. y MORATO GÓMEZ, J. L. (2021): *Lean Service, management total*. Gestión 2000.

RAJADELL, M. y SÁNCHEZ, J. L. (2010): *Lean manufacturing, la evidencia de una necesidad*. Díaz de Santos Editorial.

SOCCONINI, L. (2019): *Lean manufacturing paso a paso*. Marge Books Editorial.

SORET, I. y DE OBESSO, M. (2020): *Gestión de la calidad*. ESIC Editorial

VIVAS PERIS, C. (2022): *Lean Management* (documentación Máster de Logística). ESIC.